勵志書架　007

不生氣的工作

第一本情緒問題的解決指南

邱永林◎著

高寶書版集團

勵志書架007

不生氣的工作——第一本情緒問題的解決指南

作　　者：邱永林
總 編 輯：林秀禎
編　　輯：黃威仁
出 版 者：英屬維京群島商高寶國際有限公司台灣分公司
Global Group Holdings, Ltd.
地　　址：台北市內湖區洲子街88號3樓
網　　址：gobooks.com.tw
電　　話：(02) 27992788
E-mail：readers@gobooks.com.tw（讀者服務部）
pr@gobooks.com.tw（公關諮詢部）
電　　傳：出版部（02）27990909　　行銷部（02）27993088
郵政劃撥：19394552
戶　　名：英屬維京群島商高寶國際有限公司台灣分公司
發　　行：希代多媒體書版股份有限公司/Printed in Taiwan
初版日期：2009 年 1 月

國家圖書館出版品預行編目資料

不生氣的工作：第一本情緒問題的解決指南 / 邱永林著. -- 初版. -- 臺北市 : 高寶國際出版 : 希代多媒體發行, 2009.1
面 ; 公分. --(勵志書架 ; EB007)

ISBN 978-986-185-262-1(平裝)

1.情緒管理　2.職場　3.心理諮商

176.5　　97023619

〈推薦序〉
情緒決定競爭力

楊基寬

104人力銀行每年服務上百萬人次的求職者以及在職者進修，深深了解妥善管理好工作壓力，對於每個階段的職場人士都是非常重要的。尤其目前正值全球經濟衰退，許多產業面臨業績下降、成本高漲的經營壓力，以至於被迫採取緊縮人力甚至裁員的措施。因此，失業率攀高已經是可預見的未來。即使是幸運保住工作飯碗的職場人，也應該居安思危，加強自己的競爭優勢。

104人力銀行每年都對雇主進行職場競爭力的相關調查，「心理抗壓性」這一項始終保持在前幾名。證明在雇主的眼中，一位稱職的員工或主管，除了具備相關的「知識」、「技術」之外，屬於軟技能（soft skill）的「態度」，更是決定一個人能否在職場上出類拔萃的重要競爭優勢。

在國外，許多知名的企業都會每年定期針對新進人員與在職員工進行壓力管理的教育訓練及心理諮商服務。此舉除了可預防員工罹患身心疾病，增加員工對企業的向心力，事實證明，更能增加企業的業績營收和顧客滿意度。

一項二〇〇〇年六月公布的研究報告（註）指出：美國運通（American Express）曾要它的財務顧問接受一系列情緒管理訓練。結果發現接受此項訓練的財務顧問比未曾接受訓練的同儕，業績表現高出六六％！因此，所有新進的美國運通財務顧問，都必須接受四天的情緒管理訓練。

希望永林這本兼具理論與實務的作品，能夠幫助更多職場人管理好壓力，也能喚醒更多雇主及高階主管，採取有效的措施提升員工的心理素質。

本文作者為　104人力銀行董事長

註："How Do You Feel", Fast Company Magazine, June 2000.

〈推薦序〉

一本教你建立好習慣的書

楊聰財

相信我，當你看完本書第一篇文章「工作壓力大，又要失眠了？」，就會對永林柔軟親切的文字印象深刻。他將有益身心健康的重要觀念和具體做法，深入淺出地呈現在你眼前，整本書分三大篇，十分簡單清楚，每篇文章的標題又頗有吸引力，例如「身心平衡的三部曲」、「紓壓五大技巧」等等，都是值得讀者在忙碌的時刻閱讀、學習、建立好習慣的工具書。

永林長年關注職場心理衛生，特別運用員工協助方案（Employee Assistance Program, EAP）協助許多知名企業提升整體的工作效能，頗獲好評。他也常在報章雜誌撰文，並於有聲媒體中教育大眾如何做好身心保健。另外，本人和永林有感於華人要保持身心健康，應該在正確的知識、良好的情緒管理以及養成優質的行為習慣和體態上加強，故共同推動成立「台灣華人身心倍思特協會」，以行為（Behavior）、情緒（Emotion）、時尚（Style）、思維（Thinking）等四大面向為依歸，協助全民建立最佳（BEST）身心健康。歡迎您蒞臨www.iambest.org參觀指正。

最後，我也呼籲所有讀者，記得要養成「保養頭腦、免除煩惱」以及「預防勝於治療」的一級保健觀念，並常保「三好原則：睡、吃、動」，常常練習穩定自律神經的腹式呼吸法。以上觀念的詳細內容，除了能從本書獲得，也可以請大家到楊聰財醫生心理衛教中心的網站（www.yang163.com.tw）了解。

最後，謹祝大家常保平安喜樂！

本文作者為　輔仁大學醫學院醫學系副教授、
財團法人天主教耕莘醫院精神科暨心理衛生中心主任、
台灣華人身心倍思特協會理事長

〈推薦序〉

改善人際互動，發揮工作潛能

鄭晉昌

從研究人類學習的心理與神經科學文獻中發現，人類大腦前額葉皮質的研究已顯示許多認知潛力尚未被開發運用。但是另一方面，研究人類情緒的心理與神經科學文獻卻指出，長時間過度的工作與壓力，可能會影響甚至損害個人身心的健康。尤其處於目前這個高度競爭的年代，職場工作者必須花費更多的腦力，長時間在壓力下工作，因此愈來愈多的人顯得不快樂。幾十年前，在醫院中門庭蕭條的精神科，現在已搖身一變為門庭若市。過往在職場上我們所認定的工安事件多屬身體方面的傷殘，而今職場上的病症多轉向身心方面的疾病，諸如容易沮喪、憂鬱、焦躁、情緒暴力與自殘。在職場中，認知與情緒耗用之間究竟應運用什麼方法，才能兼顧工作壓力與身心健康，適時發揮人類應有的潛能呢？這一直是現今上班族亟待解決的課題。個人很高興能在專業心理師邱永林的大著《不生氣的工作》中，找到相關的解決方法。

我個人和永林已有近十年的交情。據我對他的認識，他一直在職場諮商與心理治療專業上，不斷努力尋求突破與精益求精。本書的撰寫，便充分反映他多年來在職場壓力管理輔導專業上的功力。在本書中，永林針對許多情緒治療的個案，提出個人諮商實務的經驗與紓解壓力的方法，同時也自實證研究的數據中提出佐證說明，是一個理論與實務兼顧的著作。根據情緒與社會智能（emotional & social intelligence）理論的架構，一個人必須具備四項能力才能進行有效的情緒管理：一，自我情緒的覺察（self-awareness）；二，自我情緒的管理（self-management）；三，他人情緒的覺察（social awareness）；四，他人關係的管理（relational management）。這本書在這四項能力上著實提出許多精闢的見解與方法，協助個人發展情緒與壓力管理的能力。讀者可以一方面仔細閱讀作者在每一章節所鋪陳的內容，另一方面反思個人過去類似的經歷，一定能夠有深刻的領悟。我相信上班族可以將書中的觀點與方法運用至個人的日常及職場生活中，一定有助於改善與發展人際互動的能力；同時能協助個人適時紓壓，在職場上充分發揮應有的工作潛能。身為一個多年從事職場與人力資源管理研究的學術工作者，我個人願意鄭重地推薦此書給全國的職場工作者。

本文作者為　中央大學人力資源管理研究所教授

自序

在我的診間裡，幾乎每天都被個案及家屬問到：「醫生，我的這個毛病是不是因為最近壓力太大啊？」的確，根據醫學研究與臨床經驗，約有百分之八十的身心症狀與「壓力」脫不了關係。舉例來說，偏頭痛、感冒不易好、肩頸痠痛、心悸、心血管疾病、胃痛、失眠、憂鬱症、躁鬱症、恐慌症等等。因此，如果說「壓力」是百病之源，似乎並不誇張。

那麼哪一群人的壓力最大，最需要幫助呢？恐怕就屬職場人士了。根據世界衛生組織（WHO）的統計顯示，亞洲目前至少有五千萬憂鬱症患者，台灣地區目前至少有一百五十萬憂鬱症患者，這龐大的族群有近百分之八十屬於二十七至四十歲。另外根據國際勞工組織（International Labour Organization）的調查顯示，憂鬱症緊接在心血管疾病之後，是導致「員工無法工作因素」的第二位。

這些調查研究的結果，和我本身經常到企業從事情緒壓力管理訓練和員工心理諮商的觀察心得幾乎完全吻合。這一群二十幾歲到四十幾歲，需要用大量腦力的職場工作者，因為本身工作品質要求高，但又經常面臨時間不夠用，以至於疏忽了照護自己。久而久之就造成職業倦怠、人際關係緊張，嚴重者甚至身心健康都出了問題。

我身為精神醫療人員，了解其實事情不必演變成這麼糟。就算職場上有許多的「壓力源」無法靠少數人的力量克服，但是只要每位職場人學會如何從生理、心智及精神層面增加自己的「活力源」，一樣能夠活力十足地面對每天的工作挑戰。正如研究壓力的先驅、加拿大籍的漢斯．沙立耶醫師（Dr. Hans Selye）晚年所說的：「壓力是生活的調味料，太少則乏味，太多則失去原味！」希望您與我一起學習如何成為壓力的主廚吧。

作者的話

心理諮商最重要的一項守則就是「保密」。在進行諮商前，我都會與個案簽署諮商同意書，其中包括「除非取得個案書面同意，否則治療者不得公布他們的姓名以及隱私」。因此，本書中所提到的案例，個案的姓名都是捏造的，而且其他足以辨識當事人身分的特徵（職業、年齡等等）也都經過適當的修改。我相信我已經採取最嚴格的防範措施，以保護所有個案的隱私。

本書所提到的人物、對話與事件，都是取材自我個人從事心理治療十年來的珍貴「記錄」和「記憶」。白紙黑字的「記錄」是不能更改的，因此還很安全地鎖在檔案櫃中。栩栩如生的「記憶」原本井然有序地存放在大腦某個神祕的區域中，但是為了確保不會對信任我的當事人造成傷害，因此我刻意揉合許多人物及情境。也就是說每個案例其實都是許多個案的綜合體，只保留個案的內在精髓，刪除所有足以讓人辨識的外在特徵。如果經過我這樣仔細保密與改寫後，仍然跟讀者或其他人的經歷有雷同之處，那完全純屬巧合。

感謝

感謝我的父母，教導我如何面對人生的壓力

感謝我的妻子，忠誠地陪伴我一同挑戰壓力

感謝我剛出生的兒子，給了我克服壓力的樂趣

003 情緒決定競爭力　楊基寬
005 一本教你建立好習慣的書　楊聰財
007 改善人際互動，發揮工作潛能　鄭晉昌
010 自序

一、一般問題篇

018 工作壓力大，又要失眠了？
028 把抱怨講出來真的會好些嗎？
037 下屬與上司的人際關係
044 當辦公室友情變成戀情
052 職場異世代的相處藝術
058 職場歧視「傷」了你的心嗎？
066 高科技通訊產品帶來工作壓力
070 打開情緒壓力的潘朵拉

·目　錄·

074 正負面情緒的黃金比例
080 你的紓壓方式正確嗎？
087 工作不過勞的六個方法
094 小心情緒過勞
100 想當好人，當心早死？

二、特別問題篇

110 別怕我傷心——正視憂鬱與焦慮的處境與處方
120 孔子沒教的一堂課
126 與數字賽跑的壓力
131 擠不出靈感的壓力
136 重複而單調的工作
144 生死交關的壓力
153 你是職場怠伯特嗎？

·目　錄·

三、心靈規劃篇

160 不景氣，更不能生氣
168 練習快樂技巧，工作更有效率
173 年節前後的心理調適
180 換掉壞主管，換來好工作
186 自律讓你登上職場高峰
193 工作改變你的性格嗎？
198 退休的心理資產配置
206 身心平衡的第一部曲：自我探索
212 身心平衡的第二部曲：創造快樂
218 身心平衡的第三部曲：生活韻律
224 音樂，情緒紓壓的好幫手
234 紓壓五大技巧

一、一般問題篇

工作壓力大，又要失眠了？
把抱怨講出來真的會好些嗎？
下屬與上司的人際關係
職場異世代的相處藝術
正負面情緒的黃金比例
你的紓壓方式正確嗎？
工作不過勞的六個方法

工作壓力大，又要失眠了？

工作做不完，怎樣都睡不著嗎？
失眠是身體對你發出的警告，真正要緊的，是你的心病！

周經理是一家銀行的分行主管，手邊永遠有做不完的工作等著他去完成。大約半年多前，他開始有失眠的症狀，最近幾次員工發生一點小錯，他一時情緒失控，便在擠滿客人的交易大廳中非常激動地對行員破口大罵。另外有幾回他自己忘記在期限內完成一些工作，以致被區經理嚴重警告。

針對這些症狀，一開始他不以為意，拖了好幾個月才去醫院看診。醫生開了些安眠藥給他，但他很擔心自己一輩子都要依賴安眠藥才能解決失眠問題，因此經由家庭科醫師轉介，前來進行心理諮商，希望能減緩影響睡眠的心理因素，並學習利用非藥物的放鬆技巧幫助入眠。

我第一次看到周經理走進諮商室時，他的眼睛布滿血絲，坐下來談話時大腿不停地抖動。他第一句話就告訴我：「我現在好怕睡覺，一到晚上我就開始焦慮今晚會不會又失眠了？」我試著探索造成他失眠的原因：「你可不可以描述一下那種焦慮的感受呢？」他回答：「一閉上眼，白天發生的事情就像一部電影不停播放，想停也停不了。」我又問：「這幾個月以來有沒有睡得特別好的經驗呢？」希望能從另一個角度找到他失眠的心理因素。他說：「有幾次吧……仔細想想好像是因為那段時間工作比較沒那麼忙，有空跟朋友去打球，比較快樂。」這時，他的臉上彷彿出現了一絲絲微笑。

三四．四%的職場工作者最近一年內有失眠的困擾！

到底失眠的問題困擾職場工作者有多麼嚴重？根據最近政府一項有關勞工健康的

大型研究調查顯示，有三四．四％的職場工作者表示，最近一年內曾有失眠的困擾。這個結果跟其他先進國家相比是差不多的，但是國外的研究提供了更值得參考的訊息。

美國「國家睡眠基金會」曾經連續幾年調查全美人口的睡眠品質，結果發現睡眠品質的好壞，對工作表現、情緒、人際關係會產生明顯的負面影響。接受調查的九三％受訪者表示，睡眠不足的確會影響連續幾天的工作表現。週間每天平均睡不到六小時的人，比那些睡足八小時的人，經歷負面情緒（如憂慮、發怒、沮喪）的機率高出二至三倍。另外在人際關係上，這群「睡眠不足」的人更容易為了小事而不耐煩或被激怒（六四％）、在工作或生活上犯錯（六五％）、與周遭人群相處困難（四四％）等等。基金會的執行長葛魯拉（R. L. Gelula）為這系列的調查做了結語：「這個社會面臨的許多問題如肥胖、暴力等，都跟睡眠品質不佳有所關聯。」

如何判斷自己有沒有失眠？

那麼，周經理以及許許多多職場工作者的失眠是怎麼來的呢？一般人所說的「失眠」只是睡眠障礙的一種類型。正確說來，睡眠障礙包含以下幾類：

類型一：入睡困難

也就是俗稱的「失眠」。如果躺在床上超過半小時還無法順利入睡，就可能是輕微的失眠；超過兩小時還無法順利入睡，就可能是嚴重的失眠了。

類型二：維持睡眠困難

也就是一般人說的「淺眠」。這類的睡眠障礙患者通常能夠以正常速度進入夢鄉，但是在睡眠期間極容易被一些輕微的干擾（例如同床的人翻身、冷氣機壓縮機的聲響等等）驚醒，而且一旦醒來後，就不容易再度熟睡。

類型三：睡眠品質不佳

睡眠品質不佳的人既不是入睡困難，也沒有維持睡眠的困難，但是不管前一晚睡了八小時或十小時，醒來之後仍舊覺得疲倦，甚至還會出現黑眼圈。

類型四：過早覺醒

屬於比較輕微的睡眠障礙，好發於銀髮族。前一晚不管幾點鐘入睡，經常還不到應該起床的時間，就自然從睡眠中甦醒，並不感到特別疲累。

其他類型還有：突發性睡眠症（猝睡症）、窒息性失眠、夢遊、夜驚、睡眠癱瘓症（俗稱鬼壓身）。

想要知道自己的睡眠品質，可用下頁評估表來檢測。

臥室中只能有兩個S

許多有睡眠障礙的個案，都會有類似的疑問：除了服用安眠藥之外，有其他的選擇嗎？

睡眠品質自我評估表

請根據過去一個月的睡眠狀況，勾選最適當的描述：	從未如此	很少如此	偶爾如此	經常如此	總是如此
我有入睡困難的情形					
我需要超過一個小時以上才能睡著					
我夜間會醒來三次以上					
我醒來後，常常要花很長的時間才能再度入睡					
我早上會太早醒來					
我擔心睡不好					
我會喝酒幫助入睡					
我躺在床上時，腿部會有不安寧或抽動的感覺					
我早上會起不來					
我醒來時仍然感覺疲倦					
我的睡眠無法讓我感到精神飽滿					
雖然我躺在床上的時間夠長，卻未得到足夠的睡眠					
我的睡眠讓我在白天仍覺得疲乏					

本調查表係依據世界衛生組織的「睡眠與健康全球專案計畫」所建議之「失眠症自我評估表」。

注意：如果你針對上述問題的答案，有兩個以上是「經常如此」或「總是如此」，你可能就需要與醫師或心理師徵詢專業的評估。

現代人生活繁忙，許多事情都講求速成，因而使「安眠藥」成為本世紀最暢銷的處方藥之一。最新型治療失眠的藥物如Zolpidem、Zopiclone、Zaleplon等非苯二氮平類藥物，常在服用者身上產生頭痛、嗜睡、疲勞、噁心、口乾、腸胃不適、味覺改變等副作用。長期或高劑量使用，甚至有可能導致順行性健忘（無法記住最近發生的事）等症狀。由於國內醫療環境的限制，失眠病友到醫院看診時，醫生往往沒有多餘的時間向求診者說明藥物之外的治療選擇。

剛剛提到的周經理，因為忍受失眠的折磨長達半年，因此他的情緒、行為及人際關係都出現了典型的睡眠障礙者反應。經過一次心理諮商後，我發現周經理有幾個不良的「睡眠習慣」。第一，他經常在睡覺前，帶著筆記型電腦坐在床頭上繼續處理未做完的財務報表。第二，他忙碌了一天之後，經常與妻子在臥室中討論甚至爭吵家中經濟、夫家與婆家相處以及彼此工作上的問題。這樣的睡前行為似乎是許多人共通的習慣，但其實非常不符合「睡眠心理衛生」。

因此，我經常奉勸有失眠障礙的患者，臥室中只能有兩個S，其他事情都不適合做。第一個S是性行為（Sex），第二個S當然就是睡眠（Sleep）。為什麼呢？理由很簡單，因為人類的行為與環境之間具有「制約」的心理特性！也就是說，在潛意識的層面，我們身處的環境（例如臥室）經常會提醒我們曾經在此經歷的情緒（憤怒、興奮）與行為（工作、爭吵）。如果你希望能有天天好眠的行為結果，就應該營造一個單純、放鬆的睡眠環境。因此，我給周經理的第一份「家庭作業」，就是儘快改善家中臥室的「硬體」和「軟體」，塑造適合睡眠的環境。硬體的改善，指的就是一切與臥室功能無關的家具或用品，譬如書本、電腦、電視等等，以後都不能出現在臥室中，而應該歸位到更適合的位置。至於軟體的改善，則需要當事人與家人（周經理與妻子）約法三章，任何無法帶來情緒放鬆的談話，如討論家中的金錢、兒女教養、工作上的麻煩等等，都必須在臥室以外的空間進行，而且最好不要緊挨著上床前的時間談論。

另外，在每天上床睡覺前，也可以創造一些讓自己從緊張狀態中逐漸放鬆下來的「儀式」。為了了解這個概念，不妨先想像自己是一部車子。早晨起床就像要將車子從車庫中開到街道上，這時大概用一檔或二檔的低速檔就足夠了，在小巷子中開太快反而容易出意外。等到抵達上班場所，為了應付工作的要求，就必須用到三檔或四檔等高速檔，因為這時就像車子開上了高速公路，大家的速度都很快，你自己開太慢反而容易妨礙別人。忙碌了一天回到家之後，到睡覺前的幾個小時，則是讓自己逐漸從高速檔慢慢「退檔」到空檔（N）或停車檔（P）。

良好的睡前儀式讓你一覺到天亮

以下這些睡覺前的「儀式」，不僅有助於「催眠」自己的大腦進入睡眠狀態，更可以有效幫助我們的身心，從白天快速而紊亂的步調，調整至身心放鬆。

☺預定睡覺前一個半小時洗溫水澡（泡澡又比淋浴好些）。
☺預定睡覺前一小時將家中的電燈調暗。
☺預定睡覺前半小時關掉電視，改聽輕柔的音樂。
☺在輕鬆音樂的陪伴下，跟伴侶談談心或者閱讀自己喜歡的小說。
☺上床後跟伴侶彼此按摩五分鐘，不必害羞告訴對方如何取悅自己。

☺如果自己一個人住，可以將小腿放置在一盆溫水中輕輕按摩。

☺在床頭擺上一枝筆和一本小筆記本，躺在床上時若想到明天需要做的事情，就把它通通寫下來。

☺儘量將窗簾留些縫隙，讓早晨的陽光能夠照進臥室，自然地「催醒」你的身體及大腦。

一開始周經理表示要做這樣的改變並不容易，畢竟壞習慣的養成並非一朝一夕。但經過大約三個禮拜的調整，他與家人終於建立良好的睡眠習慣，重溫「一覺到天亮」的美好感覺，享受睡眠的恩賜。他在情緒和人際關係上也達成明顯的進步。

人一生中大概有三分之一的時間花在睡眠上。所有父母也都知道，小嬰兒需要更多的睡眠來幫助腦部的發育。當我們漸漸老去，所需要的睡眠時間會相對地減少。但是，不論我們需要的睡眠「量」有多少，維持睡眠良好的「質」永遠是一件重要的事。

把抱怨講出來真的會好些嗎？

有話就說容易得罪人，有話不敢說則會悶出心病。怎樣talk最好呢？先想想自己需要什麼樣的友情吧。

玉茹今年快四十歲，研究所畢業後，就順利考取公務員資格，轉眼間在這個單位服務已經十多年了，但是每次升遷的機會總是跟她擦身而過。這些她都還能夠忍受，最令她感到難過的是單位裡的人似乎有意無意地孤立她。在跟心理師諮商的初期，玉茹認為自己人際關係不好的原因有兩個，一是自己比身邊多數人來得聰明些，因此容易遭妒；二是自己「有話就說」的個性太容易得罪人。

單位裡面原本還有些人跟她交情不錯，會找她聊聊天或放假時約她一起逛街。

但是一段時間後，這些人也逐漸遠離玉茹，因為他們發現自己好像變成了玉茹的「情緒保險箱」，每次談話的主題都會被玉茹主導為對某一位同事的不滿與批評。更令對方感到壓力沉重的是，玉茹總在抱怨完畢之後，以雙方「友誼」為籌碼，要求對方不得向任何人透露當天談話的內容。但是幾乎毫無例外，每隔一段時間，辦公室裡總會傳出玉茹控訴某位同仁如何背叛她。可想而知，玉茹在辦公室裡的「友誼」愈來愈稀薄，她總是盼望趕快有新的同事來報到，衷心期待或許有一天，自己終於能夠遇到一個值得信任的朋友……。

向朋友抱怨的潛在危險

相信不少人有類似的經驗，遇到不開心的事情時，如果能找到一位了解自己的朋友傾訴，往往會明顯感受情緒的提升。相反的，如果傾訴的對象不同，卻有可能得到反效果。這是什麼道理呢？原來這不是心理作用而已，而是與不同的對象傾訴，的確對大腦產生不同的影響。

《發展心理學月刊》（Developmental Psychology）曾刊登美國哥倫比亞大學針對八百一十三位學生所做的研究，得出一項驚人的事實：經常跟朋友抱怨，反而會更沮喪，而且在女性身上比男性更嚴重！這個發現似乎與我們所認知的「友誼」功能背道而馳。朋友的重要功能之一，不就是心情不好時，能夠聽自己訴苦嗎？

主持這項研究的心理學家發現，無論男女，當遭遇到問題時（如被公司同事孤立或喜歡的對象不理睬自己），通常都喜歡找朋友訴說困擾。但如果這些耗盡漫漫長夜的促膝長談或昂貴的電話帳單持續六個月或更久，女性焦慮和沮喪的情緒會明顯惡化，而男性的焦慮和沮喪的情緒雖沒有惡化但也未見任何改善。

從以上玉茹的案例來說，她總是選擇向同事抒發自己對另一位同事的不滿，並且要求對方一定要保密，這樣的行為幾乎注定讓她成為大家避之唯恐不及的人物。

從「不信任黑名單」到「抱怨名單」

要回答為什麼玉茹會被辦公室裡大多數人孤立的問題，首先必須了解玉茹對「友誼」的需求與定義。

原來玉茹生長在一個大家族中，從小目睹大人為了爭取長輩關愛的眼神，彼此爾虞我詐，甚至刻意中傷對方的種種行為。這些舉動看在她年幼的眼裡，不僅感到極端厭惡，同時也喚起她對友誼的極度渴望。雖然家族中表兄弟姊妹眾多，但是玉茹的父母不斷訓誡她不可信賴他們，以免不小心透露家中的瑣事，轉而被其他大人扭曲為攻擊的目標。玉茹將自己童年的人際經驗形容為「天天恐懼被背叛」。因此，當她終於能夠離開大家族、出外工作，她瞬時感受到心理的負擔減輕了不少，十分期待自己能夠重新被接納。

由於以前過分壓抑，因此玉茹幾乎一逮到別人願意傾聽的機會，就毫無顧忌地將自我的情感與對他人的抱怨，一股腦「傾倒」出去，並且將這樣的行為視為一種親密與信任的表現。如果玉茹只是對一兩個人抱怨，或許人際關係還不至於如此惡化，問題出在她幾乎對每一個單位同事抱怨過某人如何如何。有一次，被她抱怨的對象不知從哪裡聽到她的不滿，兩人直接當面對質。這個舉動對玉茹打擊甚深，她仔細回想曾經向哪些人說過這件事情，這些人從此被她列入「不信任黑名單」，並且自動升級成為抱怨名單中的最新成員。

「無條件悅納」的需求

後來玉茹從持續的心理諮商過程中，了解自己想要的其實是心理學家所講的「無條件悅納」的需求，只是她的方式有所偏差，以至於適得其反。所謂「無條件悅納」指的是「不管自己做任何事情，對方永遠採取一種包容的態度和善意的回應」。在現實環境中，除了父母對子女的愛，以及在宗教中講到神對人類的愛，這樣的人際互動極少發生。

大多數成年人對於獲得「無條件悅納」的經驗仍有憧憬，但已懂得僅能從極少數人獲得。反觀玉茹，因為從小被父母以及成長環境壓抑，這樣的需求從未被滿足過，她也從未了解現實中「無條件悅納」存在許多的限制。玉茹周遭的同事既不是她的父母也不是至親之人，一旦意識到自己背上這沉重的責任（忍受抱怨、保守祕密與無條件地包容接納），幾乎毫無例外選擇脫離。

其實，玉茹渴望獲得友情的「需求」並沒有錯，問題出在她採取的「方法」。由於童年的不愉快經驗，她的潛意識中對人有嚴重的不信任感。她告訴別人機密的談話內容（抱怨第三者），是藉此觀察誰能守密、誰不能守密。對於那些無法守密的人，玉茹一方面雖然感到失望，另一方面卻安慰自己「幸好早日發現他們的真面目」。她的交友方式到底能不能有效找到值得信賴的朋友？玉茹自己承認，結果總是令她一次又一次受到傷害。

有效的談話是隱形的腦部手術

我長期從事心理治療的工作，經常遇到一般民眾問我：「心理治療？不就是聊聊天，那怎麼會有效呢？」以往要回答這個問題確實不容易，要說明心理治療中治療師與個案之間的移情與反移情現象，往往開口解釋不到兩三句話，對方就開始打呵欠。但現在藉助最新的腦部功能攝影技術，任何人都可以清楚看到「和朋友聊天」與「和治療師協助下有效的談話」，兩者會造成不同的腦部活動！

美國加州大學洛杉磯分校有一群科學家，曾在實驗室中引發三十名受試者的情緒反應並觀察他們的腦部活動變化，這項最新研究發現：「將自己的模糊感覺用精確文字表達出來後，有助於調節腦部控制情緒的中樞（杏仁核）以及右前額葉皮質的活動。」其他相關的研究也指出，長期進行心理諮商的憂鬱症病人，其腦部神經連結與未接受心理諮商的憂鬱症病人顯然大不相同！

換句話說，有效的談話（例如與訓練有素的心理師進行心理諮商），就像是替大腦做了隱形的手術。透過這種實證有效的方式，可協助將自己的情緒精確地表達出來，結果不僅可提升心情，也能避免一時的情緒衝動轉變成行動，而導致日後的悔恨。

在諮商的後期，玉茹了解同事們並沒有責任滿足她的心理需求，況且當她「測試」對方的忠誠度時，其實是她自己先不信任對方。突破了這個塵封已久的心防之後，接下來的治療進展簡直是勢如破竹。玉茹首先鼓起勇氣，向曾經被她的抱怨習慣所傷害的同事誠摯道歉，並努力彌補彼此的信任關係。接下來，對於自己仍渴望的無條件悅納，她也轉向自己的兒女及父母身上嘗試給予與獲得。

你是容易抱怨的人嗎？

試試看一整天都不抱怨，你就會知道那有多難了！很多時候，我們不知不覺運用「抱怨」當成人際溝通的潤滑劑。跟一個好久不見的朋友相約見面聊天，當話題一轉到彼此近況時，即使對生活尚稱滿意，但十有八九還是會抱怨自己的工作、配偶或男女朋友。為什麼？因為我們害怕談論自己有多滿足，害怕那會讓自己或對方覺得尷尬。相反的，抱怨自己的生活，會讓對方容易同情我們的遭遇，是一個比較「容易」的話題。

從心理學的角度來分析，抱怨有兩種基本類型：「工具型」和「表達型」。工具型抱怨者有著明確的目的，那就是想將問題說出來，進而解決問題。例如某個母親對她的小孩抱怨他們的房間實在太髒了，其實母親是希望孩子們能夠保持清潔，這樣她就不必經常打掃，或者能夠有更多屬於自己的時間。表達型抱怨者的目的則完全不是為了解決問題，而是不吐不快！例如開車時向坐在旁邊的乘客大罵剛剛超你車的駕駚，或是向朋友抱怨自己老公忘記結婚紀念日等等。

你是屬於哪種抱怨類型？根據克萊森大學的研究顯示，如果你的抱怨多半屬於「工具型」，那麼恭喜你，因為你擁有較高的自尊心！如果你是屬於「表達型」抱怨者的話，你的自尊心確實比較低喔。

不想讓自己成為別人眼中愛抱怨的人，但又忍不住要抱怨嗎？建議你，這時最好遵循下列的方法，避免成為「表達型」的抱怨者。

- 抱怨的對象是「能夠」解決問題的人。
- 抱怨的對象是「願意」解決問題的人。
- 抱怨的時機最好挑選對方有心情聆聽的時候。
- 抱怨的地點挑選能維護談話隱私的地方。
- 能舉例說明抱怨的事項確實存在。

祝福你，不要讓自己抱怨以後更抱歉！

下屬與上司的人際關係

到底是自己還是主管要去看心理醫生？
懂得自我保護，分析彼此優缺點，才能在職場上化險為夷。

麗英是一家大出版社的總經理祕書，自從擔任這個職位半年之後，她開始經常晚上失眠，胃口變差，脾氣變壞。就算放假，她也很難提起精神去做自己喜歡的事情。麗英已經不是職場菜鳥，從過去十年的工作經驗看來，她不認為這是單純的工作壓力過大，因此懷疑是老闆的病態人格特質，像是做事不擇手段、極端自我等等，引起她的身心症狀。她在前來進行心理治療之前，還猶豫是不是該先勸她的老闆去看心理醫生。

事實上，企業老闆也是人，當然也跟任何人一樣，有罹患各式心理疾病或人格違常的可能。許多企業負責人由於工作壓力繁重，時常必須承擔風險，因此比一般人更容易產生煩躁易怒、疲憊不堪、心情沮喪、猜疑心重、挫折感強等情緒困擾。這些情緒如果無法得到適當的排解，或是抗壓技巧不夠，長期累積下來，罹患憂鬱症、躁鬱症等心理疾病的機率自然大增。

我的主管有精神病？

企業老闆或主管除了因工作壓力容易被身心疾病侵襲之外，其本身的人格特質，也是導致個人及公司發生問題的主要原因。

根據加拿大著名犯罪心理學權威、英屬哥倫比亞大學教授羅伯特．海爾（Robert Hare）的最新研究顯示，北美男性監獄犯人的「精神病態檢核表」的平均得分是二十三點三分（四十分是最喪心病狂），而某些北美大企業老闆的測驗得分竟然高達二十分，已經達到「中等程度精神病態」！一般正常成人的測驗得分則大約是三到四分而已。

這些近乎「瘋狂」的企業老闆或主管，具有八大人格特質：

1. 口若懸河，具有迷人特質。
2. 過分強調自我價值。
3. 說謊成了一種病態的習慣。
4. 善於欺騙或操縱別人。
5. 缺乏罪惡感或羞恥心。
6. 情感膚淺。
7. 欠缺同理心。
8. 拒絕為自己的行為擔起應負的責任。

一般人對於所謂「成功的」企業家幾乎有著英雄式的崇拜。成功企業家在商場上的冷酷、狡詐、掠奪等手段，只要最後能為公司股東帶來利益，似乎一切行為都可以被「商場如戰場」這樣的邏輯「合理化」了。舉例來說，恩隆案的主嫌安卓・費斯托（Andrew Fastow）利用自己擔任財務長的權限，做假帳中飽私囊，最後害得公司破產解散，投資人總共損失數十億美金，數千名公司員工及他們的家庭頓失依靠，甚至有員工因此自殺。他最後同意賠償兩千四百萬美金換來較輕的罪刑，但據雜誌報導，他卻曾經為了美金七十分零錢，跟計程車司機在紐約街頭大打出手。

職場自我保護六招

如果不幸遇到這種老闆或主管，職場工作者如何能自我保護呢？以下提出自保六招：

①**小心過分的讚美**：有病態人格特質的老闆最擅長先討好，再蒙蔽員工的判斷力。過分而不真誠的讚美，無疑是包著糖衣的毒藥。

②**不要盲目相信職位或地位**：上司的年紀比你大，職位比你高，學歷比你優秀，比你富有，並不代表他的道德判斷就比你正確。

③**當事情明顯與自己道德價值觀衝突時，要勇敢挑戰權威**：這或許很難做到，但

丟掉一份工作，總比毀了一生前途來得好吧。

④**拒絕協助或掩飾上司可疑的不法行為**：為了圓一個謊，必須編織更多的謊。況且萬一出了問題，老闆絕對會做出「斷尾求生」的決定，而你就是那條尾。

⑤**相信你的第六感**：尊敬老闆是一回事，害怕老闆又是一回事。一個時常令你恐懼的老闆，很可能正威脅你潛意識中的生存本能。

⑥**客觀評估損害**：假如老闆不健康的人格已經帶給你生活上極大的痛苦，你或許就要做出離開的決定。不要想著「報仇」，切記，活得愉快就是給自己最佳的「報酬」。

溝通的問題往往不在於「內容」

我遇過另一個跟上司相處發生問題的真實案例。某次我應邀公開演講，結束後，有位中年女士趨前向我提出以下問題：「我的部門主管是一個把工作看得非常嚴肅的女性。她如果看到我們在公司聊私人的事情，會立刻制止我們。有幾次我跟她的意見不同，她突然變得非常激動，甚至把我叫到她的辦公室裡，罵了我一頓：『你搞清楚，我是上司，你是下屬，我們是不同的。』我年紀只比她小四歲，她也只是在這家公司待得比我久，想請問應該怎樣跟這種主管相處？」

根據她的描述，她跟主管之間的確存在一些工作溝通的問題。她的主管是一個很容易緊張的人，通常這類型的人溝通風格比較嚴肅，也容易帶給對方緊張的感覺。發問的這位女士可能沒有想過，自己表達不同意見的時候，給主管什麼樣的感受？為什麼這件事情會特別觸動主管敏感的神經呢？問題可能不在於她們之間談話的「內容」，而是溝通的「風格」。

根據心理學家的研究，人們談過話後所留下的彼此印象，大約只有百分之二十取決於談話的「內容」，其餘百分之八十取決於溝通的「風格」。因此當我們有特定的議題想要找主管溝通之前，不妨先多花一點時間，思考一下要用何種角度去跟主管談？主管最容易接受誰的想法？是你的、主管的、還是客戶的角度？其次，嘗試著管理自己的負面情緒（不滿、消極、嫉妒等等），而不是不知不覺中成為情緒的奴隸。如此，才能抽絲剝繭地找出影響工作效率的真正問題，成為團隊中有價值的一份子。

當上主管之後……

或許有些主管或老闆表面上看起來很嚴肅，一副很難溝通的樣子，但畢竟主管對你的評價，決定了你的績效考核、加薪幅度以及在公司的前途。別忘了一點，這群人能在職場上成為管理者，通常是因為之前在基層時，某些領域表現特別優秀，才會被拔擢出來。他們一旦成為老闆或部門主管後，才凜然發現自己的角色有了巨大的轉變：原本當基層員工時，只要管好自己的業績，現在卻要負責整個部門的表現；以前只要不想繼續做這份工作，就可以向主管遞辭呈，現在變成接辭呈的人；以前遇到合不來的同事，離他遠一點就好，現在卻要想辦法激勵他，讓他融入整個工作團隊中。

想一想，主管還真不是人當的。

你的每一份工作，都會遇到不同的主管。把主管當成一個「問題」，只會削弱你在職場上積極進取的動力。請試著從彼此的相處中，客觀找出各自的優點與缺點，並且善用你的智慧，協助自己成為「想成為的主管」吧。

當辦公室友情變成戀情

友情與愛情界線難明，私事與公事最難調和，想要幸福美滿，需要的是「低調的智慧」。

家宏是快三十歲的男性代課教師，最近成為我的諮商個案，他因為與學校另一位女老師筱婕相戀，卻不被其他同事接納，間接造成他工作壓力過大，教學品質低落，已經面臨被解雇的危機。

筱婕比家宏早三年來到學校，個性和善、長相甜美，加上教學認真，因此在其他老師及家長眼中是一位不可多得的教師，也有許多人想為她介紹男朋友，但筱婕都不動心。沒想到家宏一來學校報到後，因為經常有許多教學上的事情請教筱婕，兩人很快產生好感，走在了一塊。但這段戀情卻讓許多曾經熱心為筱婕介紹對象的同事跌破眼鏡，在他們心中，實在很難理解，為何長相和學歷看似平庸的家宏，竟能獲得筱婕的芳心？

於是，學校裡開始傳出一連串對家宏與筱婕兩人不利且不實的傳言，例如「筱婕是看上家宏家裡有錢，才跟他交往」、「家宏是靠關係才進得了學校」、「筱婕是被家宏這個情場老手用甜言蜜語騙到手的」等等。同時，家宏也明顯感受到，有些同事開始在人際上及工作上對他採取一些抵制手段，例如開會時間臨時更改卻「獨漏」通知他，中午訂便當時「剛好」沒人問他想吃什麼……。家宏對於遭受這樣的「待遇」感到非常困擾，甚至開始懷疑他跟筱婕的戀情是正確的嗎？

八二%的上班族遇過職場戀情！

這是一個典型的職場戀情案例，兩人由原本同事的關係，漸漸變成無話不談的朋友，最後進展成為一對親密戀人。根據美國人力資源協會（SHRM）一項調查發現，八二%的職場人士表示曾經看過其他同事發生職場戀情，或者自己曾與同事發生職場戀情。同一項研究也發現，二十五到四十歲的職場人士中，有四一%承認自己曾經跟職場上接觸到的對象談戀愛，其中包含婚外情！

這些數據背後的意義值得深思。大多數現代人每天扣除睡眠時間之後，清醒的時刻幾乎都貢獻給了工作，好不容易擠出來的時間才分給家人及休閒。難怪有許多未婚的朋友開玩笑說自己已經「嫁給工作」了。如果你不想嫁給「工作」，而是想好好找個「人」來談戀愛，有什麼場所比職場更方便呢？如果雙方都是單身，倒還比較單純，但若其中一方是已婚的身分，問題就複雜多了。

那麼，公司的經營者是如何看待這個議題呢？據紐約市立大學法律學教授羅森的調查，目前大約有二五%的機構訂有「防騷擾手冊」，並將辦公室戀情包括在內，比五年前大幅提高。足見企業管理者對辦公室戀情還是相當感冒的，尤其是金融業與高科技產業，為了保護商業機密，需要特別防範原本不同部門的員工因為戀愛，而不慎將自己部門的機密洩露給另一半。儘管如此，還是很少有公司明文禁止員工之間不得談戀愛或結婚，原因是，戀情來了，總令人難以抗拒啊！

辦公室戀情的六大法則

如果你正是辦公室戀情的男、女主角，想要追求幸福美滿的結局，可以試著遵循以下六大法則：

法則一：對戀情對象坦誠以對

如果你單身，只是想找個排遣寂寞的對象，千萬不要讓對方認為你考慮婚嫁。這方面的坦誠很重要，尤其是在工作場合，否則在幾次約會後，熱情突然冷卻，甚至轉而追求辦公室其他異性時，你就很可能成為「全民公敵」。如果你已婚，那麼更要對自己的一言一行加以注意，無論是語言或非語言訊息，都應避免讓對方有任何遐想的空間。許多陷入婚外情危機的諮商個案告訴我，事情的開端往往是一個無意的玩笑或是體貼的舉動。

法則二：愛戀上司，請三思而後行

雖然國外研究指出，六四%的女性上班族和老闆發生辦公室戀情之後，工作進展獲得改善，但某些企業卻嚴禁上司與下屬談戀愛。就算公司不禁止，也要小心，因為如果是你提出分手要求，身為上司的他（她）可以「回敬」你的機會太多了，恐怕你每天都要心驚膽戰地過日子。

法則三：跟下屬相戀，請十思而後行

二〇〇五年三月，著名的飛機製造商波音公司的總裁兼執行長史東塞佛（Harry Stonecipher）因辦公室戀情曝光而被迫辭職。雖然這段戀情在兩情相悅下發生，但這凸顯了社會及股東關注企業治理的趨勢，董事會不得不提高對主管行為的要求標準。主從相戀最難做到公私分明；就算自認公私分明，旁人是否認同又是另一回事。即使你倆情投意合，風險還是相當高；若戀情無法善終，當上司的就很危險，對方可能控告你濫用權力。你有可能丟掉飯碗，又吃上官司，最後賠了夫人又折兵。

法則四：盡量保持低調

戀愛時，每一個人恨不得將自己的喜悅分享給全世界。請千萬別如此做，因為從你公開戀情的那一刻起，你倆就注定生活在顯微鏡底下。即使你們是平行職位的同事，只是在工作上幫了對方一個無傷大雅的小忙，但其他同樣需要協助的同事，很可能會向主管打小報告，說你循私偏袒。最好的方式是讓大家在收到你們的紅色炸彈時才恍然大悟！

法則五：盡情享受戀愛的甜美

辦公室的確是認識伴侶的理想地點，不像在酒吧或其他娛樂場所，在酒精和荷爾蒙交互作用下，挑選對象憑藉的只是一股衝動。換句話說，在公司茶水間比舞廳酒吧，更有機會認識真正理想的對象。辦公室讓你有許多時間與機會，去真正了解一個人的工作能力、品格、抗壓性等重要人格特質。如果你工作的企業或機構並不痛恨員工相愛，那麼就聽任愛神的安排吧。

法則六：分手時需要智慧

男女交往需要勇氣去跨出那一步，只是不管彼此多麼努力，事實上並非每一對戀人都能終成眷屬。當分手的「劇情」在辦公室上演，的確需要雙方展現高度的智慧來處理。我說「劇情」是因為辦公室裡有些人真的是抱著「有好戲可看」的態度，在觀察男女主角如何處理分手這個議題。這時男女主角必須先達成一個共識：分手跟相戀，都是一種「關係」。假設你跟對方相戀的時間是一年，那麼至少要有心理準備，分手的「關係」至少也會持續一年，自己跟同事才能慢慢淡忘你們曾經是戀人。

分手擂台，誰願意下台？

回到家宏與筱婕這小倆口的故事。一個月後，兩人一起來到我的心理診所，那時他們幾乎決定要分手了。一坐下來，房間裡的空氣瞬時凝結住，兩人的目光始終缺乏交集。家宏臉上的表情看起來有一股憤怒，筱婕則是竭力忍住眼眶中打轉的淚水。我先引導他們說出目前的情緒感受，過了一會兒後，再請他們分別在一張紙上寫下「不得不分手的原因」。兩人先是愣了一下，疑惑地看著我，在我的堅持下，目光同時轉向手上握著的那張紙。大約三分鐘後，兩人的紙上都還是空白的。於是，我請他們談談：剛剛那三分鐘到底發生什麼事情？

這時，家宏的表情已經不像剛進來時的憤怒了，取而代之的是一抹做錯事情似的愧疚。他表示其實自己還是非常喜歡筱婕，他們無論個性或觀念上都很適合，他是快受不了別人的閒言閒語，一氣之下才向筱婕提出分手的要求，但是他話一脫口就後悔了。現在他知道兩人感情沒有任何問題，其實同時都承受了外在的壓力，卻是他自己先頂不住壓力。兩人了解，需要調整的是雙方處理「私事」與「公事」之間的分際，必須更成熟些才行。

接下來的諮商時間就變得輕鬆多了，兩人你一言我一語，熱真討論辦公室的戀愛規則：「有時候中午我也想跟其他同事去用餐，但是又不敢跟你講」，「我有時也怕妳誤會，所以跟女同事講話都不敢超過三句話」……。經過這場開誠布公的溝通之後，兩人對於如何聰明地面對工作及愛情，都有更深刻的體認了。

以上的案例反映出，在辦公室裡，只要私事處理不當，就會替自己帶來不必要的困擾。戀愛原本是一件再美好不過的事，只要能遵循前述六大法則，懂得開誠布公地溝通，你就可以將風險減到最低，迎向人生的春天。

職場異世代的相處藝術

資深與後進，是敵人，還是夥伴？
如何融合年輕的創意與老到的經驗，發揮團隊戰力？

記得曾看過一部探討職場的電影，片名是「大公司小老闆」（In Good Company）。劇情描述一位年過五十的廣告部門主管，擁有令人稱羨的美滿家庭與事業，但有一天，他所屬的雜誌社被其他財團併購，自己被降了職，取代他職位的新主管，年紀更只有他的一半。兩人年紀、經驗與價值觀的差距，不僅讓他們對於人生和事業有迥然不同的觀點，更直接影響公司團隊的運作。

從這部電影可以看到，跨國企業崛起，委外作業（outsourcing）蔚為風潮，人口老化、少子化等人口結構的改變，使得三十歲上下與五十歲以上這兩個價值觀不同的世代無可避免地撞擊在一起。

三十歲上下的年輕精英，挾帶比上一代人更優越的學歷、國際觀與科技應用能力踏入職場，以較少的薪資、較佳的體力、較強的職涯續航力，無情地強取豪奪原本屬於五十歲以上工作者的職位。對他們而言，工作是自我實現的一種手段，工作大於其他意義。

反觀五十歲以上的資深工作者，經歷過完整的經濟起伏曲線，工作對他們而言具有多重意義：年輕時是養家餬口的工具，中年時是社會尊嚴的象徵，老年時成為自我肯定的來源。這一切彷彿都該照著軌道走，直到失業、優退、裁員的矛頭指向自己，才恍然醒悟，竟成了職場的恐龍，迎面襲來的是無情的淘汰巨輪。

資深經理與明星員工互相嫉妒

發生在我一位朋友身上的真實事件，最能說明這一切。三十出頭的Sam三年前剛從美國一流商學研究所畢業，回到台灣後很順利地應徵上一家大型企業的行銷職位。他的直屬主管是一位精明幹練的資深經理，公司裡大家都看好該主管有一天會接任執行長的位置。Sam在公司裡的表現也不遑多讓，他認真且富有創意，迅速成為另一顆明日之星，高層也開始注意到他的潛力了。

Sam在這家公司的前途幾乎是一片光明，但有件事情卻讓他耿耿於懷，那就是他跟直屬上司的關係欠佳。說白一點，兩人之間存在著微妙的「瑜亮情結」。在許多重要的專案上，這位上司經常依賴Sam的工作能力。做得好，就私下誇獎他；若是出了點差錯，就當眾批評他。Sam氣不過，就跟同事們抱怨。有時這些話傳回經理的耳朵，經理卻不責罵他，反而會找機會約Sam一起吃中飯，拉攏兩人感情。上司所表現的這些前後不一致的態度和行為，令Sam非常迷惑。結果在這家公司三年半後，Sam終於選擇離開職場，去美國念博士學位，並發誓將來只願成為大學教授。套句他的話：「再也不蹚企業的渾水。」

這是一個職場異世代相處的負面案例。難道，兩個不同的世代，只有水火不容的宿命嗎？其實只要把握幾項原則，一樣能在職場上再度揚威。

給職場資深世代的建議

✓智慧加持，能伸能縮

資深工作者最大的價值在於，累積多年的職場及人生經驗。但當工作繁重時，同事們需要的是能放下身段、挽起袖子一起把事情做好的夥伴，而不是一個保持距離、偶爾提供建言的老長官。我並不是否定「智慧」的價值，而是強調「時機」的重要。職場老將應懂得如何適時伸縮，以便達成工作目標及凝聚團隊士氣，而不是倚老賣老。如此，才能成為老闆眼中最珍貴的人力資產。

✓教學相長，樂當貴人

年輕上班族最討厭的職場日常問題有：「與上司溝通困難」、「辦公室政治複雜」、「總是一再被叫去解決簡單的電腦問題」。這或許可以提供資深工作者一些省思，例如：自己是不是抗拒學習新的資訊技能，只會依賴年輕下屬？另外，針對年輕世代的這些煩惱，資深世代其實可以扮演「教練」的角色，傳授職場智慧，幫助後進克服難解的人際糾結。總之，試著讓自己跟上時代的腳步，並發揮母雞帶小雞的精神，就一定能贏得公司晚輩的尊敬。

✓重新開始，永不嫌晚

也許我們無法改變長江後浪推前浪的現實，但只要有重新開始的決心，也會有全新的面貌。試想當你五十歲時，經驗、金錢、人脈全有了，不過體力稍遜些罷了，成功的機率豈不是更大嗎？關鍵就在於「歸零」，重新開始，也可以有無限寬廣。

給職場年輕世代的建議

✓加強紓壓能力

我曾經在一場求職博覽會現場，利用生理回饋（bio-feedback）儀器檢測將近一百位三十歲以下的職場人士的壓力指數。結果發現，高達七六%的年輕職場人士因為壓力過高而自律神經失調。同一群人被要求當場選擇一項平時習慣做的紓壓技巧（如深呼吸、冥想、自我對話），並測量自律神經協調改善的程度，但平均僅改善十八%。經由壓力管理專家現場短暫指導後，改善幅度便大幅提高至五五%！可見個人紓壓能力並非天生注定，而是可以經由後天學習。

✓大處著眼，小處著手

年輕的職業人士常見的優點是「想法很多」，缺點則是「做法很少」。創意多元是很好的事，但是太多的想法反而不容易聚焦，因此，這時候往往需要經驗豐富的老手挺身而出，歸納出對團隊最有價值的優先事項，讓成員能夠確實掌握執行的重點。這種工作模式既善用年輕世代的優點，又妥善利用資深世代的職場智慧，恰好詮釋不同職場世代相處的藝術。

回頭來談上述電影，中文片名「大公司小老闆」取得直接，但如果我們看看英文片名「In Good Company」，可以發現company有雙關涵義：既是「公司」，也是「夥伴」。劇情最後的發展，確實讓我體認到一個道理：「好的工作夥伴造就偉大的公司」（Good company makes a great company）。

職場歧視「傷」了你的心嗎？

消除職場歧視，非不能也，乃不為也！
改變心態，暢通溝通管道，容納別人就是善待自己。

剛結婚的小芬，因為搬家的關係，換了一份擔任行政專員的工作。她的工作表現不錯，跟同事相處也都很融洽，但是近來她清楚地感受到總經理對她的態度愈來愈不友善。

第一次是她剛進公司報到幾天後所發生的一件事。那天上班她上半身穿著白襯衫，下半身穿著七分褲，過沒多久部門主管跑來跟她說，總經理命令小芬馬上回家換一條長褲，並且來回的時間要算她請事假，扣她的薪水。小芬雖覺委屈，但仍照辦。

第二次是總經理請小芬幫她包裝兩份禮品，並且給了她兩張不同顏色的包裝紙，小芬很快地包妥，拿回去給總經理。想不到總經理看到包裝好的禮品之後，竟然大發雷霆，說小芬自作主張，沒問她哪個禮品要用哪種包裝紙。就這樣把小芬從總經理辦公室一路罵到公司大門的櫃檯，許多同仁見狀卻也無人敢勸和。

事後，有幾個較熱心的同事安慰她，表示總經理的老公以前曾經跟一位年輕的女同事發生外遇，這位女同事長得有點像小芬，可能是因為如此，總經理才會看她不順眼。

小芬本來想剛到公司不到半年，就這樣離職可能對未來找工作有害，打算隱忍一段時間。但是這兩天她發現自己已經懷孕，很擔心這樣的惡劣情緒可能會影響胎兒跟自己的健康，因此內心非常徬徨。

職場歧視的惡果與徵兆

我們常常在工作場合聽到「我快被我的老闆氣死了」、「我的上司逼得我快喘不過氣來了」等等抱怨。許多人以為，工作上遭受到歧視所引起的不開心及壓力，只會影響到自己的心情與情緒，殊不知愈來愈多的醫學研究顯示，這些負面情緒可能關係到一個人罹患心血管疾病的機率！

芬蘭一組研究人員，經過十年的密切觀察，發現工作者在職場上愈覺得自己受到上司或同事不公平的待遇，愈有可能發生心血管疾病，而且機率比其他自覺受到公平待遇的同年齡人高出百分之三十。

但究竟什麼叫做「職場歧視」呢？如果你在工作上經常強烈感受到下列幾種徵兆，那麼你很有可能已經遭遇到職場歧視：

- 在工作上遭受到惡意行為的傷害。
- 自己的意見遭到上司的刻意忽視或曲解。
- 工作上的相關資訊及決策被刻意隱瞞。
- 別人對自己的態度缺乏真誠或採取差別待遇。

職場上不公平待遇的影響層面，除了長期可能對身體造成傷害，在個人心理層面還可能引發負面的反應，包含自我壓抑、情感剝奪及壓力過大等等。

在臨床上也有許多個案，因為工作遭受到歧視、忽略、排擠等不公平待遇，而引發程度不同的生理及心理困擾，例如憂鬱症、焦慮症、恐慌症、頭痛、失眠等等。在職場人際關係上，也會產生惡性循環。

給自己、也給別人一個機會

我也曾經碰過一個約五十歲的個案Amy，她自覺長期遭受公司其他同事的排擠，引發嚴重的憂鬱症，因而前來求診。在會談的過程中，她表示自己或許因為年紀比多數同事來得大，因此剛進公司就發現年輕的同事很少找她講話或者邀她中午一起吃飯。起初Amy不以為意，認為過一陣子大家熟悉之後就會好轉，但是幾個星期後，辦公室開始傳出跟她有關的謠言，說她年紀這麼大仍然可以進公司是因為靠「特殊關係」等等。終於，她受不了了，向主管提出辭呈，但是主管仍然肯定她的工作表現，予以慰留，表示會從旁幫助她融入同仁之間，希望她再努力嘗試看看，並介紹她前來心理諮商。

經由積極的認知行為治療，大約一個月後，Amy表示她已經比較能用寬廣的角度來看待同事跟她之間的人際關係了。更令人振奮的是，她終於領悟，需要先改變的人是自己。「我現在每天早上起床後，都會看著鏡子告訴自己，今天是一個嶄新的開始。無論昨天發生了什麼事情，今天，我都願意給自己和別人一個機會，重新建立正向的人際關係。」

的確，有太多的時候，我們很難改變周遭的人、事、物，但至少我們都有能力去改變看法。畢竟，「困擾我們的不是事件本身，而是我們對事件的看法」！

職場歧視的七大原因

近年來政府效法先進國家平等就業的做法，從立法與宣導兩個方向，試圖建立平等的工作環境。例如「兩性工作平等法」通過，明定：「招雇勞工之方式與條件，不得有違反法律或歧視特定對象等情形，應以應徵人員之技術與能力能否勝任工作為準，不宜以『年齡』作限制之規定。」然而，每天在職場上發生的歧視事件仍層出不窮。原因有許多，歸納起來有以下七大類：

1. 性別：職場中的性別比例若過於懸殊，少數性別的員工容易被排擠。還有少數例子是員工行為舉止過於「異性化」（如男性員工舉止女性化），也可能遭受同性別員工的差別待遇。
2. 年齡：雖然東方文化講究「敬老尊賢」，但仍偶爾有年紀大的員工被年紀輕的同事歧視。反之，年紀太輕的員工如果進入一家平均年齡偏大的機構，一開始也很可能被視為「草莓族」，成為刻板印象的受害者。
3. 種族或文化背景：少數種族或文化背景不同的同胞往往在教育、經濟、社會地位居於劣勢，因此投入職場時常遭受旁人異樣的眼光，或被冠上以訛傳訛的不正確印象。
4. 學歷：學歷比較低的人，即使能力不比別人差，卻經常必須從基層的職位做起，晉升的速度也比較慢。反之，高學歷的應徵者也有可能遭到口試委員一句「條件過優」（over-qualified）而禮貌地拒絕。
5. 外貌：國外曾做過相關研究，同職位但外貌佳者的收入高於外貌平庸者十四%。還有，執行長的身高也比一般上班族普遍來得高。這些現象都反映出大多數人還是屬於「外貌協會」的會員。

6. 懷孕：儘管企業表面上遵守勞動相關法令，給予懷孕員工產假與留職停薪的待遇，但不可諱言，少數企業主管仍會刁難懷孕的女性員工，甚至在招募面試時詢問她們是否有懷孕的計畫。這可能已經觸犯兩性工作平等法了，不可不慎！

7. 身心障礙：雖然政府為了鼓勵企業雇用身心障礙工作者，提供實質補助給企業並祭出罰則，但仍有不少的公司未遵照法令，長年被罰款。有一些企業則發揮創意，雇用盲人為員工按摩紓壓，或是請視障音樂家組成企業樂團巡迴義演，增進公司形象。

綜觀這七大歧視種類，我們可以知道，要消除它們「非不能也，乃不為也」！職場歧視的「加害人」到底存在什麼樣的心態呢？其原因可能是下列一種或多種：有操縱別人的惡習、統治別人的心理需求、過去與某種人交往的痛苦經驗、人格上不容易相信別人、錯誤相信他人的謠言、低EQ與能力不足的經理人等等。

如何消弭職場歧視

如果您是企業的經理人或管理者，該如何面對組織內部發生的歧視情況？

- 盡量利用機會教育，教導全公司一個觀念：多元化的員工隊伍，會促成多元化的資源以及思考問題的角度。
- 說服領導階級，多元化的員工能帶來不同觀點，將替組織帶來機會與挑戰。
- 不計任何代價帶頭建立公平、信任、坦誠、尊重的組織文化。
- 組織內部必須建立暢通的溝通管道。
- 對於明顯受到歧視影響的員工，應聘請心理師進行認知行為治療。

二〇〇五年去世的著名管理學家彼得・杜拉克（Peter Drucker）曾說：「過去衡量企業好壞的指標，是看員工創造了多少經濟價值，但在以後，會看企業如何善待她的員工。」可見，建立一個平等、愉快的職場已經是現代企業以及經理人的重要責任。

高科技通訊產品帶來工作壓力

注意八大商業禮儀和五大溝通死角，
就能掌握主動權，輕輕鬆鬆做好工作。

多數人都對於手機電磁波可能影響生理健康的訊息不感到陌生，但你是否知道，不當使用手機這樣的高科技通訊產品，可能會為你帶來工作壓力？

根據二〇〇四年麻省理工學院（ＭＩＴ）的年度發明指標，約有三分之一的成年人表示，手機是他們最厭惡但又無法拒絕的發明。第二、三名則分別是鬧鐘（二五％）和電視（二三％）。英國的一項研究也證實，不當使用高科技通訊產品如手機、筆記型電腦、ＰＤＡ等，會惡化工作場所的壓力及工作氣氛。

許多職場工作者都仰賴電子郵件或手機，以即時聯絡同事和客戶。但是「職場工作壓力」相關研究也指出，與日俱增的高科技通訊產品使用量，已經對工作場所中其他人的耐性造成負面影響！舉例來說，歐美的調查顯示只有十一%的人認為在會議當中讓手機開啟是可以接受的行為。但是你我幾乎都曾在會議甚至教育訓練中，有遭受他人手機干擾的不愉快經驗；大多數人雖然都選擇敢怒而不敢言，卻也悄悄貶低對方的「商業禮儀」評價。

歐美的大型科技公司，正逐漸重視員工使用高科技通訊產品溝通時，應注意的商業禮儀。德國西門子公司便曾針對這個課題，特別提出電子通訊的八大商業禮儀：

1. 會議中，將手機關機或改為靜音。
2. 預錄手機語音信箱的問候語，請對方若有急事改發簡訊。
3. 在自己辦公室主持會議時，將不必要的電腦螢幕關掉。
4. 假如自己正在等待重要電話，最好事先告知談話對象並致歉。
5. 你的談話對象，值得你付出全部的注意力。

6. 在私人的空間講私人電話。
7. 對同辦公室的人盡量不要依賴電子郵件溝通，面對面談話仍是最好的方式。
8. 科技不代表力量，忙碌也不代表自己就很重要。

為了更有效掌控電子通訊的特點，在使用時必須注意，避免落入電子通訊特有的五大溝通死角：

①無意義的電話留言：長篇大論、不知所云的電話留言，會讓聽的人聽不出重點，講的人忘記說自己的名字或留下電話號碼。
②交錯的電子郵件：因為時差或是伺服系統延遲，以致信件收送的先後順序大亂，容易讓人對訊息內容的解讀產生誤解。
③霧煞煞的字條或簡訊：訊息中過度使用簡稱（如BTW＝by the way），或太過冗長，都會讓看的人一頭霧水。
④拉雜的電子郵件：一口氣寫了好幾頁，既不分段，又吝嗇使用標點符號，怎能

不讓收件者有一股想把它刪掉的衝動？

⑤不合理的訊息超載：請假一天回來後，發現Outlook中有三百封郵件，還有二十通電話留言及五張字條等著你回覆處理！要一一回應根本不可能。

科技儘管再進步，畢竟還是必須為「人」服務。在職場中，你與周遭人們溝通、互動的能力，永遠都是他人評價你的一項重要指標。善用高科技通訊並掌握主動權，不僅有利於提升工作質量，更能讓你輕輕鬆鬆做好工作。

打開情緒壓力的潘朵拉

運用HRV測出的科學數據，可以準確告訴你當下的身心反應，有助於找到最適合個人的紓壓技巧呢。

有一句很流行的廣告詞是：「你累了嗎？」它瞬間引爆廣泛的模仿，道出大部分現代人承受了極大的情緒壓力。以往，情緒壓力無法準確量化，但透過現代身心醫學的技術，已經可以經由簡易的檢測，讓每個人隨時掌控情緒壓力的臨界點，以及有效練習最適合個人的紓壓技巧。

情緒壓力黑盒子之鑰：HRV

心律變異率（Heart Rate Variability）簡稱HRV，是國外近年來針對壓力相關研究最令人興奮的重大突破之一。其實早在一九七〇年代左右，國外一群醫生就已發現人體的心臟對於「心理壓力」極為敏感，只要增加或解除病人的壓力，心臟活動就會出現細微卻精準的變化，是除了腦波以外，量化心理壓力的另一種可靠的科學方法。早年，這項技術因為設備太昂貴以及觀念尚未普及，運用的範圍僅限於少數醫院。近年來則獲得了較為廣泛的注意與應用，得歸因於兩件天災人禍。

第一個事件是發生於二〇〇一年美國紐約的九一一恐怖攻擊事件，當時紐約市政府為了協助上萬名受到「創傷後壓力症候群」（PTSD）影響的倖存者及罹難者家屬，邀集了全美各派心理治療師協助治療他們。由於心理學的理論與派別眾多，當時就有專家建議在治療前和治療後，分別測試這些創傷後壓力症候群患者的HRV，看看到底心理治療的效果如何。後來果然發現，某一些心理治療技術用於PTSD具有卓越的效果。由於HRV是受到人體自律神經的自發影響，所以比傳統填寫「問卷」

的調查方式來得更為客觀。

第二個事件是發生在台灣的九二一大地震。當時位於中部的某大型醫院，清楚地記錄到一群病人在地震發生前、後的心電圖以及HRV數據，顯示這群毫髮無傷卻飽受驚嚇的病人，心理壓力明顯影響了心律變異率。這項研究結果發表之後，受到國內外學術界大量引用，更確立了使用HRV測量心理壓力是一項趨於成熟的技術。

科學數據說服鐵齒工程師

我的病人中有許多是善於理性分析的高科技業工程師，他們前來求助的原因大多是受不了長年過度的工作壓力及情緒緊繃，導致生理或心理上出現掉髮、失眠、貪睡、頭痛、食欲過旺（或太差）、易怒、注意力不集中、憂鬱等等身心症狀。

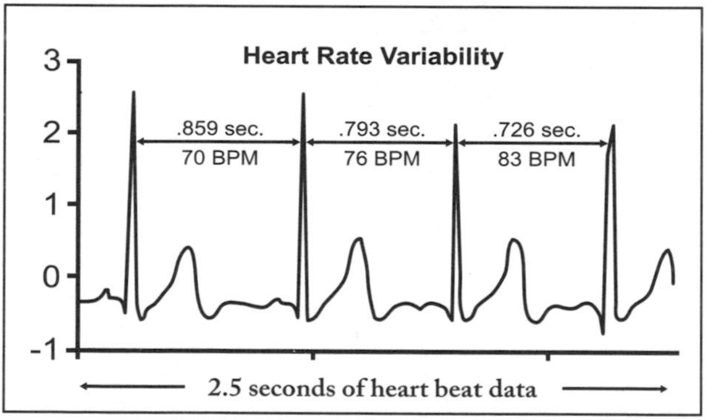

圖：HRV測量的是心跳間細微的速率變化

臨床經驗告訴我，若要說服這群慣用理性思考的人乖乖進行認知行為治療與放鬆訓練，最好是使用他們慣用的語言來溝通，那就是「數字」和「圖表」。其實大多數前來求診的病人，其「病識感」並不差，但往往不知如何幫助自己在心態或行為上更加「放鬆」！

在我的印象中，幾乎沒有一個人能在第一次療程中就成功回想一段能讓自己放鬆的記憶。而最深刻的是有一位擔任研發工程師的中年男性，在我要求之下，他閉上眼睛努力連續回憶了快十個他主觀認為能讓自己放鬆的事件（去年跟妻子海外度假的情景、與小孩子遊戲等等），結果HRV測量的數值都顯示這些想法無法讓他放鬆。直到我建議他試著冥想正抱著家裡五歲大的小狗，馬上他的HRV就呈現高度放鬆的身心反應。後來這位病人才驚訝地告訴我，他一直刻意隱瞞自己有人際相處上的困擾，唯有跟寵物在一起才不會感受到壓力。

經過這次神奇的「心靈感應」後，這位男病人非常熱中與我一同嘗試各種放鬆情緒壓力的意念與行為技巧（例如腹式呼吸法、靜坐、音樂、肌肉放鬆、自我暗示），現在可說是一位Mr. Relax呢！

正負面情緒的黃金比例

為什麼每一個情緒互動都很重要？
因為它深深影響我們的人際關係、健康、壽命以及幸福……

幾十年來，心理學家致力研究人類的「不好」的問題，例如憂鬱症、創傷後壓力症候群、強迫症等等，卻很少研究人們「對的」地方。正向心理學（positive psychology）則試圖進行這樣的反思：許多聰明的心理學家正努力研究人們到底「做對」了哪些事情。例如「夫妻間恩愛偕老的祕訣是什麼？」「為什麼有些人遇到重大挫折仍能樂觀奮進？」等問題。這些問題的答案，可能帶給人類更多更好的「自我了解」。

行為與心靈像水杓與水桶

正向心理學中有一個很基本的隱喻，用來象徵「行為」與「心靈」之間的關聯，叫做「水杓」與「水桶」。當一個人的行為是正向的（例如幫助有需要的人），並因此讓心靈感受滿足喜悅，那就像用水杓舀了水，往水桶裡添水。相反的，如果行為是負面的（例如欺騙別人），這時心靈所感受到的內疚，就像拿水杓從水桶裡把水往外潑。

當我們的水桶是滿的，我們會充滿活力，幾乎可以適應任何事情，可以完成許多工作，別人跟我們在一起也會感到很愉快。

相反的，當我們的水桶是空的時候，我們會感覺消沉沮喪，別人跟我們在一起也會感到不愉快。我們的空水桶投射出去的負面能量，其他人可以清楚地感受到，也會受到影響。

這個理論也表示，我們每個人都有一個想像的杓子，在彼此之間的每一個互動中，不論是在快餐店點東西，或是跟所愛的人促膝長談，不是補充你的水桶，就是從水桶中舀一些水出去。不加也不減的情況就算有，也很少見。或許有人會問：「我要怎樣補充自己的水桶？」會這樣問的人，就誤解了這個理論的重點！因為你能做的最好的一件事，就是馬上開始為別人做點事情。

過去二十年來的很多研究顯示，這樣做不但可以幫助別人以及改善環境，而且客觀上會改變你，振奮你的心情。「開始補充別人水桶」才是最好的起頭方法。

正負情緒影響日常生活的滿意度

假設你一早準備上班，開車要出你家的小巷口，有一台車對你招招手，讓你先轉彎，此時，你這一天就有了一個正面的互動、零個負面的互動。然後你開進公司停好車，走到電梯前，有一個人從裡面幫你擋住正要關上的電梯門，這時你有了兩個正面的互動、零個負面的互動。你上樓之後坐在辦公桌前，打開電腦看看有哪些電子郵件需要回覆。你發現收件匣裡的第三封郵件是小王寄來的。小王是你的同事，是公司裡出了名的牢騷王，經常抱怨這、抱怨那，使整個辦公室都傳染到他的神經質。但是你正跟小王合作進行一項重要的專案，所以你沒有選擇，只能打開他寄來的信件。結果不出所料，信中他向你抱怨團隊中某某人經常刁難他，還有他的工作負荷量比其他人還重等等。這時，你正面互動與負面互動的比數是二比一。

你做了一個正確的決定，起身離開座位到茶水間倒了一杯咖啡，而不是馬上回信給小王展開一場網路負面循環。在茶水間裡你遇見了小陳，小陳是你在公司裡的好朋友，你們聊了上個週末去哪些地方玩，小孩在學校裡發生的有趣事情，因為聊得太開心而忘記時間，直到你想起九點半該開會了。這時你有了三個正面情緒、一個負面情緒。

開完會之後你回到座位上，電話分機顯示你有一個未接來電，你趕緊回電之後發現是下禮拜要簽約的一位客戶，他口氣冷淡地告訴你決定不簽約了。到這時，你正面情緒與負面情緒的比數是三比二。看起來，你的正面情緒經驗是比負面情緒經驗多一些，但恐怕還是不夠好。

正負情緒影響壽命長短

二〇〇一年有一項重要研究「修女研究」，探討早年正面情緒與我們整體壽命之間的關係。心理學家找了一百八十位修女（修女是很好的研究對象，因為她們生活在比較規律的環境裡），研究她們在二十幾歲時寫的日記，一一找出裡頭所透露出來的正面情緒的線索。他們把修女分成兩組，一組正面情緒比較多，另一組正面情緒比較少，然後比較年輕時的正面情緒以及六十年後的死亡率，這時還活著的修女大約是八十到九十歲。研究人員發現，正面情緒比較少的那組修女，只有十人還活著，而正面情緒比較多的那組修女，還活著的人多達二十五人！比較全部一百八十位修女後，正面情緒比較多的修女比另一組平均多活十歲！

如果跟其他有害健康的因素做一個比較，我們知道吸菸大概會減少十年的壽命，肥胖會縮短大約七到十年的壽命。由此可大致推論，「負面情緒」對人的壽命影響有多麼巨大！

從婚姻到職場，都需要平衡的正負情緒

著名的情緒專家、西雅圖大學教授約翰．高特曼（John Gottman），曾觀察研究

七百對夫妻之間十五分鐘的談話，之後由他的研究小組替這些夫妻的情緒互動打分數，並且以正、負面情緒五比一當作基準線，預測十年後哪些夫妻會離婚，哪些夫妻仍會在一起。一九九二年當時，高特曼教授指出：在婚姻關係中，如果夫妻間的正面情緒互動與負面情緒互動的比例是五比一，這對夫妻就會白頭偕老；如果低於這個比例，甚或接近一比一，那麼這對夫妻就很有可能會離婚。十年後，也就是二〇〇二年，這個研究小組發現，他們的預測準確度高達百分之九十四！這樣的正確預測對任何心理學的研究者來說，都是非常難得的成就。

想想看，只要觀察一對夫妻十五分鐘的談話，就能預測十年後他們倆會繼續在一起還是會離婚，就知道這些正、負情緒互動，對人類行為有多麼深遠的影響！不只是婚姻或戀愛關係，一般人際關係也是如此，這個原則對於職場人際關係也一樣適用。

往好處想，增加生活中的正面情緒，並不像減肥或戒菸那麼困難，只是需要一點正確的努力，而且，此時此刻，每個人都可以開始做起！

你的紓壓方式正確嗎？

壓力是一種能量，也會有作用與反作用力。要順勢而為，而不是一味反抗，才是聰明之道。

做SPA、打麻將、登山、吃大餐、玩Wii、買名牌服飾……你紓解壓力的方式是哪一種？要知道，長期使用某些不正確的紓壓方式，不僅無法有效紓解壓力，更可能造成反效果，讓你的身心承受更多不必要的壓力。

春雄是一家保險公司的業務主任，三年前跟相識不久的女友閃電結婚，夫妻倆期待的第一個小孩將於五個月後誕生在這個世上。春雄平日因為要背負團隊的業績表現，因此工作壓力極大。以前他總會利用假日帶太太去近郊爬山，當作紓解工作壓力的方法，但是自從太太懷孕後，更需要他的陪伴，因此他也就放棄了這個習慣。直到三個月前，他開始接觸線上遊戲並很快迷上了它。

平日下班回家後，就一頭栽進網路遊戲的世界中，通宵熬夜更是變成了家常便飯。夫妻倆經常為了這件事情口角，但是春雄就像著了魔似的，無法擺脫線上遊戲的吸引力。最近公司主管也發現春雄上班時經常出現精神不濟的現象，工作績效也大不如前。

壓力的身心靈公式

現代人會選擇無效甚至有害的紓壓方式，主要是因為觀念不正確。要知道，壓力其實是一種「能量」。當它的強度小於或等於每個人所能承受的臨界點時，是一種正面的能量，因為它可以激發出我們前所未知的潛力。但是當壓力的強度大於臨界點時，就成為負面的能量，因為它會導致身心功能的徹底崩潰。

既然壓力是一種能量，根據物理學定律，能量有幾種特性，例如「慣性定律」、

「動者恆動、靜者恆靜」、「作用力與反作用力」以及「能量不滅」等等特性。我們不妨暫時拋開醫學與心理學的角度，而用「物理學」的角度，試著去了解壓力。

首先，壓力可以用一個公式來加以說明：

$$壓力=\frac{責任}{能力}$$

有些人調適壓力的方式是「抗壓型」。例如每天吃許多各式各樣的營養品、昂貴的藥膳，目的是為了提高身體的免疫力，不讓自己生病。「抗壓型」的問題出在只注重增加自己的能力（身體抵抗力），而忽略了也應該適當減輕不必要的責任（如凡事要求完美）。它背後的邏輯其實是將「壓力」當成一種敵人，因此千方百計想增加自己打仗的彈藥，才能與之對抗。但別忘了「作用力與反作用力」這項重要的能量原則，一股力量你愈是反抗，反彈回來的力量愈大！

第二種調適壓力的方式是「減壓型」。典型的反應像是忙碌工作之後，會讓自己看好幾個小時的電視或打電動，也許跟朋友講上好幾個鐘頭的電話。其行為的目的在於讓自己完全脫離壓力情境（例如工作），因此會暫時有一股壓力似乎減輕的輕鬆感覺。但是由於剛開始的那種輕鬆感太過美好，因此經常捨不得結束減壓的行為，反而造成失眠、乾眼症、頭痛等更嚴重的後遺症。更糟的是，這些後遺症不但削弱了個體面對壓力的能力，而且根據「能量不滅」的定律，需要面對的繁重責任一點也沒有少，因此壓力反而愈來愈大。

第三種是「舒壓型」，這也是最容易讓人產生迷思的調適壓力的方法。許多人喜歡去做SPA或是去國外住Villa，享受被寵愛的感覺。如果你的經濟收入不錯，這些舒壓方法並不會帶來明顯的副作用，而且短期內的確會感到提振身心的舒活感覺。於是許多人就此滿足了！以為「Work Hard」→「Earn More」→「Play Hard」就是解決壓力的完美方程式，但其實不過是落入另一個「增加責任」的惡性循環。

「紓壓」才是王道

那麼究竟該採取哪一種態度與做法，去面對人生與工作中的壓力呢？我認為可以效法太極拳或柔道這兩種武術的精神。它們的起源及招式雖然大異其趣，但都是「借力使力」的妙招。想像一下，如果你面對一個身高比你高二十公分、體重比你重四十公斤的對手想找你麻煩，你會如何自保呢？我最近讀到一個滿有意思的故事，就說明了面對壓力時，疏導比抵抗來得有效。故事是這樣的：有一名男子，參加完空手道班的晚間練習之後，搭乘捷運回家，忽然他聽到隔壁車廂傳來陣陣的驚呼聲，接著他看到有一名體型魁梧的中年男子，顯然已經喝了不少酒，跌跌撞撞往這個車廂的方向而來，有幾個乘客驚恐地離開座位，打算避開這名醉漢。這時男子想著：「太好了！我苦練多年的空手道終於可以派上用場。」正當他起身擋在醉漢面前，準備教訓對方時，後頭走來了一位老翁開口跟醉漢說話：「你喝了酒啦？」醉漢回答：「要你管！」老翁繼續問：「你喝的是哪一種酒啊？我真羨慕你，我也很喜歡喝酒，但是我老婆總是不准我喝。你的老婆一定是很溫柔的女人吧。」豈知，醉漢聽到這句話後，竟然一屁股坐到椅子上，抱著老翁的肩膀哭了起來。原來這名醉漢的老婆剛剛去世，這天晚上他實在太想念她，所以出來借酒澆愁，並沒有想要傷害任何人。

這個故事讓我們了解到，「壓力」其實可被視為一種「能量」。遇到比自己強大的能量，例如洪水，最聰明的方法是疏導它到傷害性最小的途徑，而不是一昧想要跟壓力抵抗（抗壓），或只是沉溺在暫時讓自己感覺舒服一些的環境（舒壓）。要從根源做起，增加自己的能力並且減少不必要的責任負擔，才能愈「壓」愈有「力」。

別怕跟自己的心魔攤牌

最後，讓我們回到春雄的案例。春雄在跟心理師諮商的過程中，慢慢對於自己為何沉溺於網路遊戲有了截然不同的體認。原來這一切都跟他內心的「惶恐」與「憤怒」有關。春雄雖然深愛著老婆，但其實根本還沒準備好要結婚和當爸爸，「結婚」與「小孩」這兩件事都是當初老婆強勢主導下的結果，因此春雄內心壓抑著對老婆的憤怒，也惶恐自己無法扛起一家之主的重擔。但是老婆正在懷孕，春雄根本不曉得如何跟她開口表達自己內心的感受，因此潛意識中就藉著打網路遊戲這件事，來惹老婆不高興，於是他便有了藉口向老婆發洩怒氣。

了解自己的「心魔」之後，春雄對於線上遊戲的興致瞬時削減了許多，因為他終於知道那只是讓他拖延跟老婆面對問題的擋箭牌。就在第三次諮商之後，春雄終於鼓足勇氣，回家跟老婆兩人好好坐下來長談。出乎他意料之外，兩人居然都能心平氣和接受對方的情緒，而春雄原本的惶恐與憤怒，更在老婆溫柔的支持下，轉化成對迎接新生命的驕傲與責任感。現在，春雄下班回家後還是會上網，不過不是玩線上遊戲，而是吸收當一個新手爸爸應注意的相關知識呢。

工作不過勞的六個方法

工作狂其實也是一種上癮，讓你想放鬆卻無法放鬆，壓力持續太大的結果，是加重心臟負擔，生活型態失序。

英國倫敦大學的一組研究人員，從一九八五到一九九九年這十四年間，針對一萬多名三十五至五十五歲職場人士，進行工作壓力與新陳代謝疾病的相關性研究。研究結果證實：不分性別，長期處於高度工作壓力下的人，罹患心血管疾病及糖尿病的機率是一般人的兩倍。

研究人員提出可能的解釋：第一，工作壓力大的人，較不容易維持健康的生活型態，因此容易有吸菸、酗酒、運動不足、營養攝取失衡等等狀態產生。其次，長期累積的壓力會導致心跳速率加快，加重心臟的負擔。最後，長期的工作壓力會影響神經及內分泌系統的正常運作，因為身體為了應付壓力情境，必須分泌壓力荷爾蒙以保持警戒，卻導致其他荷爾蒙分泌功能（如組織再生）被抑制。

你正在「賣命」工作嗎？

主持此一研究的昌杜拉（Chandora）博士表示：「工作壓力跟心跳加速與心律變異（每次心跳之間的細微變化）降低有關。經常處於工作壓力下的人，身體中有著較高濃度的壓力荷爾蒙，以致身體其他正常的功能無法發揮。」

這是不是表示為了自己的健康，就必須辭掉工作呢？其實不然。你可以善用紓壓技巧來達到這個目的。

細數所有的行業中，警察可能算是工作壓力最高的族群之一。一項研究美國加州聖塔克拉拉郡警察執勤時身心壓力的報告便指出，當一位身體健康的警察看見歹徒手上持有槍械時，瞬間的心跳速率平均高達每分鐘兩百三十下！即使當任務已經結束，在恢復期間的心跳仍高達每分鐘一百三十下以上。報告中也有研究另一組警員，他們有先學習過由醫師與心理師指導的「生理回饋壓力管理」課程，在任務完成後立即練習這些紓壓技巧，因此幾乎可以馬上恢復每分鐘七十到八十下的正常心跳速率。

對於公司及企業而言，除了提供員工具有科學實證效果的壓力管理課程之外，還可以考慮以下幾項建議：第一，將工作環境重新設計，提供員工充分的紓壓設備與課程；第二，對於明顯壓力過大的員工，應聘請心理師進行認知行為治療。

平衡工作與生活需要毅力與方法

根據洛桑管理學院的全球競爭力報告，二〇〇六年台灣平均工時為二、二五六小時，僅略低於韓國二、四三九小時，墨西哥二、三八五小時，香港二、三四八小時，以及印度二、二七七小時。難道過量的工作與過勞，真是現代上班族的宿命嗎？為什麼有些人大量工作卻始終能精神奕奕？他們保持身心健康的祕訣為何呢？

在一次工作出差的機會，我認識了郭先生。他剛過五十歲，是成功的企管顧問，從年輕到現在一直保持每週平均工作七十小時。但從外表上看起來，他大概只有四十歲，更難得的是他似乎永遠有用不完的好主意與創意，和年輕小夥子打高爾夫時的球技和體力更是不遑多讓。每次我有機會遇到這樣的「奇人異士」，都打心底佩服他們在平衡「工作」和「生活」上的成就。因為我知道，背後他們付出比一般人更多的毅力與方法！

郭先生的法寶是什麼呢？

①**威力午睡**：愈來愈多醫學報告證實，工作日下午抽空睡二十至三十分鐘，有助於提升工作效率、降低錯誤以及減少人際衝突。這種短而有效的充電方法，西方人給它取了個很恰當的名字，叫「威力午睡」（Power Naps）。這股風潮已經吹向全世界，有一回我出差到美國，在紐約的機場看到一家提供忙碌商務旅客短暫午睡的專門店MetroNaps，生意極好。

②**學習新嗜好**：專門研究人腦活動與細胞訊號的費城天普大學醫學院神經學系主任奧辛・阿濟齊博士表示，當我們從事業餘嗜好這類愉快的事情時，會啟動人

腦中負責掌控生活感受的「阿肯柏氏核」區域。哈佛醫學院的教授卡洛．考夫曼更強調：「當人們沉浸於真正喜歡的嗜好中，會喪失時間感，進入所謂的流暢（flow）狀態，進而恢復腦力與體力。」處於流暢狀態時，人們會同時體驗到高度專注與顛峰表現的心理層次。當你抽空報名學習一種新語言、球類運動或樂器，你就有了不隨意加班的正當理由，又可以認識新朋友，靈活你的大腦與創意，提供更多與客戶聊天的話題。於是你將發現，同樣的錢拿去繳學費，比買名牌衣服的投資報酬率高出許多。

③**不把電腦帶回家**：我發現許多人下班後把筆記型電腦帶回家，一直到隔天上班前卻沒打開使用，可見那只是出於一種習慣，並非真正需要。下班後不只是你的筆記型電腦，最好連PDA、黑莓機全都留在公司。這樣做會強迫自己工作時更有效率，下班時心情更輕鬆（因為看到別人都還背著大公事包），更可省下家裡的電費。

④**工作與家庭清單**：許多人或許已經養成隨時寫下需要完成的工作清單，但是卻很少人寫下家人的需求清單。用心讓今年的情人節或結婚紀念日過得跟往年不

一樣，答應幫老爸老媽修繕的門鎖也該早點完成，出席小孩的才藝班發表會可能會讓他記得一輩子……。記住！工作的主要目的不就是讓家人幸福嗎？

⑤**長假不如短休**：上班族與其引頸期盼一年一度的出國旅遊，不如妥善安排每天上班時的短休（micro-rest）。在桌上放個計時器或網路下載提醒軟體，每隔五十分鐘就讓自己從位置上起身，不管是喝口水、伸展筋骨、深呼吸、上洗手間，都能讓你疲勞的肌肉和腦袋得到適時的休息。再偷偷告訴你一件事情，我有時候文章寫不出來時，都是在洗手間內突然獲得靈感呢。

⑥**勤練放鬆技巧**：郭先生就是這方面的高手。舉凡腹式呼吸、冥想、肌肉漸進放鬆法、靜坐等等，無一不精通。我就曾經目睹他在大型演講前運用放鬆技巧，瞬間讓自己表情輕鬆、腦袋清楚，可說是一位Mr. Relax呢！

後來，我自己也成為每週工作七十小時以上的工作者。我很慶幸自己始終沒成為「工作狂」，這都要感謝郭先生這樣的好榜樣，還有切實執行心理學所證實的這些有效方法。

放鬆是「嚴肅」的事，無法放鬆是「嚴重」的事

許多人或許會說：「放鬆？這有什麼困難。」但是我卻看見太多病人深受頭痛、失眠、焦慮、憂鬱等症狀所苦。偏偏這些都是身心長期無法有效放鬆的後遺症。除了前面提到的技巧，想要放鬆最首要還是心態和價值觀必須做調整。

容易工作過勞的人多半是「工作狂」。他們總是不斷告訴自己，等賺夠錢後，就可以退休、享受生活。這樣的人一工作起來往往沒天沒地，三天三夜不睡覺對他們來說是很正常的事，而工作完成後的「成就感」更勝於「疲勞感」。曾經有一位年輕的女強人告訴我：「高壓工作後的成就感，就像毒品一樣容易讓人上癮，最後讓你想放鬆卻無法放鬆。」可見放鬆是件「嚴肅」的事，而無法放鬆是件「嚴重」的事！

人類的身體跟心智就像一組彈簧，既不能永遠緊繃，也不能永遠放鬆，否則就會失去最佳狀態。有智慧的人會在緊張的工作中，發現值得輕鬆面對的趣味，也會在放鬆的生活時刻中，領悟到嚴肅的生命意義。

小心情緒過勞

你總是想當好人，硬要維持高ＥＱ的形象嗎？壓力若一直累積不釋放，小心情緒洪水潰堤喔。

小芬是我的一位新病人，她在公司工作快十年，能力強、脾氣好，而且似乎有一種魔力，能讓同事願意將心事講出來給她聽。工作以外的地方，許多朋友也將她當成傾訴的對象，她一直以自己擁有這種能力為傲。

直到最近，她發覺自己似乎有些地方不對勁了。首先，她愈來愈容易失眠，這種情況幾乎從前不曾出現過。其次，她變得容易哭泣，有好幾次她如同往常在聆聽同事抱怨一些瑣事，卻突然當著同事的面啜泣起來，把對方嚇得手足無措。還有，她發現自己食欲大減，體重也少了五、六公斤。她懷疑自己是否患了憂鬱症，因此到心理諮商所求診。

情緒過勞的三種毒素

小芬這樣的案例在心理治療室中經常出現，他們通常是家人、朋友或同事眼中EQ或抗壓性很高的人，卻突然出現身心失調症狀，像是睡眠障礙、食欲改變、情緒低落、疲勞感等等。或許人前表現開朗樂觀，其實心裡已經染上許多複雜的情緒過勞的因子了。

第一種情緒過勞因子是「壓抑」。因為想要維持在大家眼中高EQ的形象，所以就算感受任何負面的情緒，也絕不允許自己表現出來。

第二種情緒過勞因子是「內疚」。大好人潛意識中把自己當成「聞聲救苦」的觀世音菩薩，以為可以幫助每一個前來求助的人。一旦發現自己無法幫助對方，心裡就會十分內疚，責怪自己當初為何不多做一些努力。

第三種情緒過勞因子是「沉溺」。由於幾乎每天在清醒時的情緒都處於壓抑和內疚的負面狀態下，因此對於其他情緒（如喜悅、憤怒、寬恕）的表現以及感受力變得愈來愈不敏感。

一九九五年刊登在《高級醫學期刊》（Journal of Advancement in Medicine）的一篇研究報告首先指出：「僅僅沉溺於負面情緒五分鐘的志願者，免疫球蛋白A（IgA）水平會下降，並且持續至少五個小時都處於低水平。」免疫球蛋白A是一種重要的人體免疫系統抗體，它可以幫助人體抵抗入侵的細菌和病毒。實驗發現，另一組志願者花五分鐘集中注意力於正面情緒（關心與同情）後，他們的免疫球蛋白A的水平升高了，並且持續至少六個小時都停留在高水平。

之後有許多相關的研究也都證實或暗示，僅僅是對某種情緒的回憶，也會強烈影響一個人的身心健康。

解決情緒過勞的四個步驟

這些身心症狀在精神醫學上並沒有明確的病名歸類，通常很容易被診斷為憂鬱症。但是如果以抗憂鬱症的藥物以及心理療法去治療，並無法獲得良好的效果。又因為這些症狀和成因跟「慢性疲勞徵候群」（過勞症）有許多相似處，因此我們可暫時稱它為「情緒過勞」。

與工作過勞不同的地方在於，我們每個人都可以從「心」改變情緒過勞的衝擊。這包括四個對自我認知與行為的重新檢視與調整：

1. 找出導致情緒過勞的不合理認知

「我不能讓任何一個人失望」、「每件事情我都必須做到完美」、「我千萬不能表現出不耐煩的樣子」……這些都是導致情緒過勞的自我對話。

2. 以新的合理認知替代過去不合理的認知

擺脫前述的不合理認知，逐漸以這些內在對話替代：「沒有人是十全十美的」、「有些事情我只能盡量去做，但後果不是我能控制的」。

3. 對自己的情緒忠實

從大好人的臉上，我們彷彿只看得出幾種「完美的」表情。但事實上，只要不傷害他人的情感，在適當的情境之下展露情緒，會讓旁人覺得你更真實。

4. 善用自己的正面情緒

臉部表情專家告訴我們，臉孔雖然只有四十四條肌肉與兩根骨頭，卻可以製造出超過七千種不同的複雜表情！更有趣的是，你的表情對旁人具有強大的感染力。不是有句話說「伸手不打笑臉人」嗎？好好善用你的微笑吧。

情緒過勞的心理檢測

你可以利用下面這張表，測出自己是否情緒過勞，以便隨時調整態度與行為喔。

情緒檢測表

		從未	偶爾	經常	總是
1	我會擔心我的表現讓別人失望				
2	當我情緒低落時，我能夠找到值得信賴並理解我的人傾訴				
3	我認為如果表現出自己的情緒，別人就會不喜歡我				
4	曾經有人告訴我，我是樂觀開朗的人				
5	如果事情進展不順利，我認為自己該負較多責任				
6	我身邊的人會找我發牢騷或抱怨不滿的情緒				
7	我相信如果我夠努力，世上沒有不可能的事情				
8	我的工作或家庭狀況，使我必須壓抑自己的情緒				

計分方式：

第1、3、5、6、7、8題，每題回答「從未」得0分，「偶爾」得1分，「經常」得2分，「總是」得3分。第2、4題，每題回答「從未」得3分，「偶爾」得2分，「經常」得1分，「總是」得0分。最後將1~8題分數加總。

檢測分析：

0~8分　您的情緒相當健康，建議您多將健康的祕訣分享給朋友喔。

9~16分　您的情緒已經出現輕微過勞的症狀，建議您檢視自己是否有不合理的內在心理認知，或是否有過多造成您情緒壓力的外在因素。

17~24分　您的情緒已經出現中、重度過勞的症狀，建議您立刻做完整的身心健康檢查，並與醫師、心理師等專業醫療人員討論改善的方法。

想當好人，當心早死？

——情緒過勞的極端型

你知道自己是A型、B型或C型人格嗎？
性格就像一把雙面刃，不了解自己，就可能付出慘痛的身心代價！

Helen是幾年前令我印象非常深刻的一位中年個案。當她第一次走進我的諮商室時（正確地說是被攙扶走進來），看過許多病人的我也不禁心頭一凜，因為我看到的是一位正在接受化療的癌症病人。

她頭上綁著頭巾，再戴上一頂漁夫帽，想必是因化療副作用而掉光頭髮所做的遮掩。雖然是夏天，但她仍穿著運動外套與長褲，少許露在外頭的皮膚因為很久未見陽光而顯得慘白，每次開口說話彷彿都要耗掉全身的力氣。在為期半年、每週一次的定期諮商中，Helen逐漸允許我進入她的生命故事……

好人緣帶來了憂鬱症

已婚的Helen有一個愛她的老公，育有一男一女，以及一份待遇不錯的工作。在公司十幾年，她一直擔任人力資源部門的主管。Helen個性溫和又熱心，同事不管是遇到公司裡無法解決的人際問題，還是自己家庭或情感上的難題，經常都會想到跟她傾訴，她可說是公司裡的「心理諮商師」。事實上，Helen自己也曾考慮報考心理學研究所，為自己退休後的事業第二春做準備。但這一切都因為一年半前的一次例行性健康檢查報告而戛然中止。醫院證實了她罹患末期乳癌！

雖然很幸運的，化療以及藥物治療發生了很好的成效，但這只治癒了Helen身體上的「痛」，卻治不了心理上的「苦」。因為就在化療快結束前，她罹患了重度憂鬱症，也因此展開了我跟她的這一段心靈之旅。

Helen就像我上一篇文章提到的小芬一樣，是大家眼中的「大好人」。在探索自己為何罹癌的過程中，她痛苦地發現，原來自己愛當和事佬的個性，雖然帶給她好人緣，但也同時帶來了極大的情緒壓力，而且可能是造成她罹癌的部分原因。這一發現讓她面臨了價值觀的衝突：假如日後恢復健康，究竟是應該繼續當個大好人？還是應該改變自己的個性？

有句俗話說：「好人不長命。」它可能不完全正確，但是從現代的身心醫學的角度研究起來，也有幾分道理，能幫助我們了解為何往往善良的人難逃病魔的糾纏。這中間最令人好奇的問題莫過於：「個性」、「情緒」與特定「疾病」之間到底有無關聯？如果有的話，那個關聯究竟為何？

百年來的現代醫學多著重於「生理因素」方面的研究，因此醫生及科學家對於基因遺傳、營養、細菌病毒等方面的知識累積，已經龐大到了令人瞠目結舌的地步。但是這些生理因素並無法完全解釋為何有人會患某些疾病，有人卻不會。例如，兩個同卵雙胞胎（擁有百分之百相同基因）手足，成年後只有一人得到憂鬱症或心血管疾病等實際案例可說是層出不窮。於是，醫生及科學家將注意力轉向「環境因素」與「心理因素」，這才逐漸拼湊出較為完整的致病因素（如下圖）。

性格與疾病的愛恨關係

性格因素是疾病發生的重要因子，但絕非是必要條件或充分條件。換句話說，當個體罹患疾病的相關因子，如遺傳、營養、環境、病毒等基礎條件均具備下，這時性格才扮演著重要的「催化」角色。

自從一九五〇年代美國兩位心臟科醫師福李曼（Meyer Friedman）與羅森曼（Ray Rosenman）做了大規模研究，發現A型性格與心血管疾病的密切關係後，「性格」與特

致病因素的完整拼圖

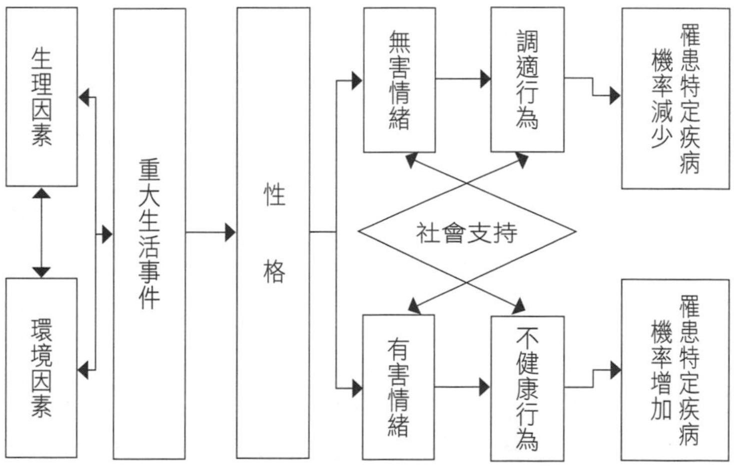

定「疾病」之間的關聯便一直受到廣大的注意。有意思的是，「性格」雖然能覆舟，卻也能載舟。催化特定疾病發生的性格因素，有時也是促使疾病復原的有效動力！

以A型人格（做事急躁、較缺乏耐心、積極有野心、目標導向）與B型性格（樂天知命、做事溫吞、過程導向）為例，前者比後者容易罹患心血管疾病，幾乎是眾所皆知。但是很少人知道，如果兩個人生理條件類似，罹患同一種心血管疾病，A型性格的人康復的情形通常比B型性格的人來得快又好！

為什麼會有這種令人驚奇的結果呢？原來，A型性格的患者在聽到心臟科醫師宣布自己罹患某種心血管疾病時，他性格中「積極」、「目標導向」的特質，會促使他嚴格遵守醫生所給的身心方面的種種建議，譬如飲食要少油少糖少鹽、每週規律運動、定期服用降血壓藥物等等。此時他生活中的目標就是要「打敗」高血壓！反觀B型性格的患者，在得悉自己罹患高血壓時，性格中那股隨遇而安的特質，反而讓他容易接受疾病，而不嚴肅看待醫生的處方及建議。

所以性格就像一把雙面刃，讓你在人際關係上受到歡迎的特質，卻也可能讓你在身心健康上付出慘痛的代價！

原來是C型性格惹的禍！

回到Helen的案例。我在諮商的過程中發現她具有典型的C型性格特質。C型性格（Cancer-Prone）是繼A、B型性格之後，心理學界所發現的另一型，其特質包括：

- 過度和藹。
- 渴望討好別人。
- 遇壓力易憂鬱。
- 總是壓抑攻擊衝動或避免正面衝突。

C型性格與特定癌症之間的相關性逐漸受到重視。例如美國史丹佛大學一項醫學研究顯示，非C型性格的癌症病患比C型性格的癌症病患平均多活十八個月！

Helen過去對於不順心的事情，經常講出「要顧全大局」、「我讓一讓就沒事啦」、「不要撕破臉啦，這樣大家以後見面才不會尷尬」這類話語。Helen的「避免正面衝突」與「渴望討好他人」的人格特質是如此強烈，導致她覺得一定是自己先對不起同事。由於長期壓抑自己的委屈和不滿，最後她還對同事產生「內疚」的負面情緒呢。

只要不放棄，就有好轉的可能！

Helen初期開始懷疑自己的癌症與憂鬱症可能跟自己「大好人」的個性有關時，她的心理混雜著以下的情緒：

- 驚嚇：「我什麼都無法思考」、「我的腦筋一片空白」
- 否認：「這不是真的」、「為什麼是我？」
- 痛苦：「我活著還有什麼意思？」

經過一段時間的思緒沉澱與情緒袒露之後，Helen的認知與情緒轉趨複雜：

- 憤怒：「我對他們這麼好，為什麼這樣對待我？」
- 報復：「我一定要讓你們後悔。」
- 恐懼：「如果我走了，小孩怎麼辦？」、「別人會怎麼看待我這個人？」
- 困惑：「是不是應該為家人們忍耐？」

到了心理諮商的後期，深層對話逐漸發生效應，Helen對「疾病」及「自我」兩者的關係，發生了微妙的轉變：

- 接受：「發生這樣的事情，我必須負起部分的責任。」
- 面對：「只要我不放棄，事情就還有好轉的可能。」
- 認同：「當我充分展露自己，有些人或許會不習慣，但會有更多的人因此肯定我。」

於是，經過將近半年的密集心理治療之後，Helen的憂鬱症狀獲得明顯改善，加上充分配合化療，乳癌也逐漸好轉。而Helen成功的關鍵便在於，她願意充分經歷一連串認知與情緒的歷程，並在心理師的協助之下產生重要的內省。

你也是「大好人」受害者嗎？建議你，不要過分壓抑負面的情緒，才能走出一條通往內心平靜的路喔。

二、特別問題篇

別怕我傷心——正視憂鬱與焦慮
孔子沒教的一堂課
與數字賽跑的壓力
擠不出靈感的壓力
重複而單調的工作
生死交關的壓力
你是職場怠伯特嗎？

別怕我傷心

——正視憂鬱與焦慮的處境與處方

覺得自己心情憂鬱，不要害怕向外求援。
發現朋友陷入焦慮，不要吝嗇伸出援手。

台灣社會近年來陸續發生名人因憂鬱症自殺事件，例如演員倪敏然離家失蹤多日後，不幸被發現於宜蘭自縊，留下家人、朋友及喜愛他的觀眾無限的唏噓與懷念。倪生前許多演藝界的朋友，也紛紛表示自責與懊悔，沒有及時伸出援手。二〇〇三年，巨星張國榮在香港跳樓，結束自己炫爛而短暫的四十六歲人生。當時引起社會大眾和影迷日思不解的一件事，就是張國榮生前最後一部電影作品，正是扮演心理醫生，最後也是墜樓而亡，似乎正預告著自己的死亡。每次發生名人自殺事件，背後的原因總是引起社會輿論的熱烈討論。

憂鬱症不是絕症，請接受適當的治療

重度憂鬱症患者的確會有自殺傾向，而讓人擔心的是，媒體將患憂鬱症的名人自殺過程一五一十報導，可能加深一般大眾對於憂鬱症的錯誤認知，並讓目前有憂鬱傾向的人產生模仿效應。過去日本就有偶像明星自殺造成影迷盲目跟進的情況。相反的，在美國，則有限制媒體對自殺過程的詳述。

根據《美國醫學會期刊》的估計，美國每年因為憂鬱症所造成的社會成本損失高達四十三兆美元，其中在職場上因憂鬱症而失去勞動力的損失為二十三兆，潛在勞動人口過早死亡的損失為八兆。憂鬱症對於職場的影響，更被國際勞工組織稱為二十一世紀員工失能的重要疾病之一。國內的董氏基金會在二〇〇四年所做的一項大規模（四十一萬三千人）憂鬱症調查則發現：金融服務業、創意工作者及教師，是最容易罹患憂鬱症的三大行業。

那麼，如果懷疑或發現自己或周遭同事患有憂鬱症，到底能做些什麼來幫助自己或他人呢？

1.儘速獲得專業診斷與治療

這是最重要的事情！精神科醫師和心理師是這方面最專業的人員。假使你有理由相信自己得了憂鬱症，請不要遲疑去找醫師或心理師幫忙。如果是身邊的同事或朋友得了憂鬱症，請溫和而堅定地勸他跟醫院精神科或心理諮商（治療）所約時間做專業的診斷與治療，可以的話陪他去，以減低臨陣脫逃的機率。如果經過專業診斷後確定是憂鬱症，遇到病情明顯惡化或透露自殺的意念時，也要記得告知負責治療的醫師或心理師。

2.提供情緒上的支持

治療畢竟一個禮拜只有一兩次，日常生活中來自同事和親友的支持也是促進憂鬱症患者康復的重要因素。這種支持主要是情緒層面，比方體諒、耐心、同理心、鼓勵等等。因此當憂鬱症朋友向你傾訴各種感覺時，記得不可表露出輕視或否定，只需要點出實際客觀狀況並保證事情一定會好轉。另外你也可以邀請他一起去散步、看電影，或是陪他從事以前喜歡的嗜好。如果你的善意遭到拒絕，要有耐心，不要太輕易放棄。

3.避免負面標籤

現代醫學對於憂鬱症已經有了較清楚的認識與治療方式，透過專業的診斷，一個人是不可能「假裝」得了憂鬱症。隨著治療的進展，絕大多數患者都可以完全恢復。因此，你可以告訴周遭的人，憂鬱症並不是絕症，如果接受適當的治療，大多數患者還是可以持續工作。

焦慮症的真面目

除了憂鬱症之外，焦慮症也成了職場的另一殺手。美國心臟醫學會最近發表的一項研究報告顯示：長期處於焦慮情緒的男性，罹患心臟病的機率比其他男性高出四成。美國加州大學洛杉磯分校研究團隊，自一九八六年起追蹤七百三十五位男性二十年來的心理與生理變化之後，發現長期焦慮程度高於十五個百分位（percentile）的男性，心臟病發病的機率較其他同年齡男性約高出四成。

前英特爾總裁葛洛夫（Andrew Grove）曾說過一句名言：「只有偏執狂方能生存。」（Only the Paranoid Survive）這句話道盡了許多職場人士的苦衷。因為想要維持商業上的成功，就必須時時刻刻防止各方的破壞，這些破壞可能來自外在，例如競爭者的模仿、零售價格的衰退、甚至經濟景氣下滑等。內在的破壞則有工廠生產線停頓、重要人員離職、產品出現問題等。可想而知，身為一個公司的負責人或主管，勢必擔心以上這許多事情。但是，假如這些值得擔心的事情過去了，或是到最後都沒發生，卻仍無法控制情緒讓自己回復平靜，就會變成焦慮了。長期的焦慮更會促使一個人的性格變成偏執。

造成一個人的心理狀態從「擔心」（worry）到「焦慮」（anxiety）以至於「偏執」（paranoid），絕對是經過長時間催化。由於極端的偏執並不常見，加上篇幅有限，因此這裡僅以表格介紹擔心與焦慮之間的幾個重要分野（請見下頁）。那麼要如何知道焦慮是否已經悄悄上身了呢？不妨誠實地填寫下頁的心理量表，並圈選出最能代表您最近的感覺。

焦慮的四大特徵與建議

想要克服焦慮，就必須了解焦慮的四大明顯特徵，然後對症下藥。

①**過度懷疑**：這是嚴重焦慮的人最常發生的認知偏差，他們很難相信別人，且容易有不合理的強迫性思考，嚴重的話甚至會導致精神衰弱。因此第一個建議就是逐漸擴大自己的「信任圈」，將信任的對象從家人、配偶（男女朋友）、多年好友逐漸擴展到一般同事和朋友。

②**個性內向**：易焦慮的人遇到社交場合會傾向退縮，即使勉強自己參加，很快就感到不自在，其原因與自身強烈的不安全感有關。針對這一點，應該嘗試多跟

擔心與焦慮的差別

	擔心	焦慮
目標	有特定目標（人、事、物）	並無特定目標（人、事、物）
持續時間	隨著擔心的目標消逝，心情也跟著平復	無時無刻處於高度身心緊張的狀態
控制感	強（知道自己何時應該適度放鬆）	弱（不知道自己何時應該適度放鬆）
影響	工作：可激發潛力人際：負面影響極微健康：負面影響極微	工作：容易導致表現失常人際：容易導致衝突健康：容易導致心血管及精神疾病

焦慮症狀自我測試

	是	不是
我認為身邊的人幾乎都靠不住		
有時候我很想跑到一個誰都不認識我的地方暫時躲起來		
我經常做夢夢到從高處跌落		
我一年感冒的次數超過三次		
交代下去的事情，都需要我親自一再檢查才不會出錯		
我已經好幾年沒參加同學會了		
我經常做夢夢到被野獸或壞人從背後追趕		
我身上經常帶著頭痛藥、失眠藥、胃藥、感冒藥等藥物		

回答2~3個「是」：您已經有輕微的焦慮跡象
回答4~5個「是」：您已經有中度的焦慮現象
回答6個以上「是」：您已經有嚴重的焦慮症狀

個性外向的朋友交往，讓自己感染樂觀的氣息。

③**廣泛恐懼**：長期焦慮者容易對於許多原本平凡無奇的事物產生恐懼，例如小動物、搭飛機、他人的眼光等等，背後的關鍵因素跟害怕失敗有極大關聯。遇到這樣的情形，最好的方法就是經常對自己做信心喊話，告訴自己「這沒什麼好怕的」、「對方其實沒注意到」等，以避免加大焦慮的強度。

④**身體耗竭**：生理上經常感受胸悶（痛）、心悸、胃痛、頭痛、頭暈、失眠、高血壓、容易感冒等等，這些症狀都是免疫下降所發出的警訊。因此平常應該多訓練一些放鬆技巧，例如腹式呼吸、冥想、靜坐等，讓身體能適時獲得休息。

從國內健保局公布的數據以及各大藥廠銷售數字可知，「抗焦慮藥物」已經成為醫院精神科最常開立的處方的前十名。這不禁讓我想起某本書上的一句話：「並非所有的藥都裝在瓶子裡。」對付本世紀人類心靈最大的敵人「焦慮」，我們除了依賴醫院開出的抗焦慮藥物外，最重要的還是得靠「認識自我」、「調適自我」、「改變自我」這些心靈的力量。畢竟，心病還需心藥醫！

企業如何解決員工的心理壓力

歐美多數上市公司每年皆會定期對投資人公布執行長（Chief Executive Officer）與高階主管的體檢報告，以表示對投資人權益的保障。如果CEO或重要主管的身心健康欠佳，首先便會衝擊公司的股價表現。公布體檢報告的做法可以激勵公司高層重視自身生理與心理健康，進而帶動全體員工跟進，形成健康樂活企業的風氣。因此，有人暱稱CEO不但是企業金雞母（Chief Earning Officer），更應該是企業情緒專家（Chief Emotion Officer）。

大多數醫學研究報告證實，約百分之八十的身心疾患與心理壓力有關聯，而預防與治療心理疾患的花費大約是一比三。因此，比較重視身心健康的先進國家企業，多已將「心理壓力健檢」包含於每年例行的健檢項目之中。傳統的壓力篩檢方式是由員工填寫心理問卷，這種方法雖然成本低，但是施測結果的信效度偏低。目前僅有極少數專業心理機構提供心律變異率（HRV）等科學化的壓力檢測方式，它能排除受測者主觀隱瞞的缺失，客觀地量測壓力所造成的生理、心理變化。

當經理人或員工意外事件突然來到，企業多半只著重「事務」性質的危機處理，而忽略「心理」性質的危機處理。以往的輔導經驗顯示，若能於意外事件發生後一週內，邀請專業心理師到企業內部，對受到影響的員工進行短期的團體心理治療，往往能有效紓解員工的悲傷情緒，更快恢復工作的專注力，並減少因情緒波動所產生的另一波工安意外事件。企業人力資源部門應思考並擬妥下列三項工作重點：一，重視企業主及全體員工身心健康；二，建立職場壓力預防機制；三，職場意外事件發生後，減低員工情緒創傷。

除了個人努力過健康的生活方式之外，台灣的企業準備好解決員工的心理壓力了嗎?想要擠身世界行列當中，就有必要給予員工更多健康保障，方能吸引頂尖跨國人才，保持企業戰力。

孔子沒教的一堂課

——教師的情緒問題和紓壓建議

現代教師的壓力是全方位的，但不同的反應決定出不同的結果。你也能從自己的專業找出獨特、幽默的壓力解決方式喔。

孫老師任職於北部某所大學，平日認真於教學與研究，剛滿四十歲就順利通過學校的升等評鑑。某日下午，他結束實驗室的工作後，走在校園裡，突然感到胸口一陣劇烈的疼痛以及呼吸困難。由於從來沒有這樣的經驗，他幾乎無法站立，於是趕緊扶著旁邊的欄杆才勉強沒跌倒。他望著蔚藍的天空與旁邊年輕學生的模糊身影，以為自己就將如此死去。

幸好過了約五分鐘左右，剛剛那些症狀逐漸消失，他才恢復力氣，慢慢走回自己的車上。隔天，孫老師立刻到醫院做了全身健檢。檢驗報告出來後，醫生告訴他除了壓力荷爾蒙偏高外，其餘一切正常。而那天下午侵襲他的怪病可能是「恐慌症」！

醫生除了開給他有助穩定情緒的藥物，還要求他與心理師配合治療。幾次治療之後，孫老師清楚地了解，自己要求完美的個性以及過多的研究與教學工作，都是導致他這次差點被壓力擊敗的關鍵因素。從此他逐漸學會如何向完美主義說「不」，並學習有效的放鬆技巧。三個月後，他自己與家人都感受到他的改變：一個更快樂的人。

教師的三百六十度壓力

各級學校教師雖然教導的學生對象年齡有別，但都普遍面臨極為類似的壓力來源。從教育政策改變、家長要求至教學與研究壓力等等，老師們面對的是全方位的壓力來源：

- 從上而下的壓力：評鑑項目太多，以及教育當局制定的政策經常改變（例如教科書一綱多本、體罰），經常讓老師感到無所適從，也使教學工作的社會地位與受尊重的程度不如以往。
- 從下而上的壓力：學生從小成長在網際資訊時代，吸收知識的速度快、角度廣，無形之中帶給教師「時間不夠用」的壓力。
- 平行而來的壓力：許多老師除了教學與研究工作之外，仍需兼任學校行政事務，因此往往有「瑣碎事務太多」的困擾。另外，少子化也讓許多學生家長更保護自己的兒女，相形之下，老師面對學生和家長時更要戰戰兢兢。許多教職「僧多粥少」，想要獲得理想的職位，更得與成千上萬的同儕教師競爭，壓力極大。

將壓力變點心！

我遇過一件個案，他是高中英文老師，因為工作壓力過大而罹患焦慮症，前來接受心理諮商。在諮商的過程中，我們很成功地一起檢視導致他壓力過大的工作價值觀與人格特質。關鍵的轉捩點是有一次，他告訴我一件事情，說：「邱心理師，我發現一件很有趣的事，如果把『壓力』（stressed）這個英文字反過來寫，竟然就變成『點心』（desserts）了呢。可見如果碰到壓力時能夠換個角度思考，就會有一種全新的感受！」

我實在非常佩服他舉一反三的創意，而且是從自己的專業本科發揮幽默的聯想力！他確實了解「壓力管理」的一項重要原則，就是：造成壓力的通常不是事件本身，而是我們對事件的反應。

舉個例子：甲乙兩人一個月後必須通過一項考試，錄取率有百分之五十。客觀來說考試本身並非特別困難，因為平均每兩個人就有一人能通過。甲君很快地擬定讀書計畫，每天照著計畫實行，於是很順利地通過考試。乙君卻整天憂心自己可能就是那考不過的二分之一，直到考前一個禮拜，才匆匆忙忙買了參考書，每天熬夜抱佛腳，結果最後以些微分數落榜。你看得出來這兩人面對壓力最大的差異嗎？就是他們面對壓力時採取了不同的「反應」！

測一測自己的壓力人格

在現代繁忙的企業環境裡，其實許多上班族也有類似教師的特質，有從上而下的長官壓力、從下而上的部屬壓力以及平行而來的同儕壓力，只是壓力內容不太一樣而已。想要了解自己面對壓力的「反應」，你可以先利用下頁這一份「壓力人格量表」，測出自己屬於哪一種人格特質，如此才能對症下藥，配合本書最後介紹的幾種紓壓技巧，適時排解不必要的恐慌。

請依照您的直覺，圈選下列最適合描述您平時行為的分數，並做加總：

壓力人格量表

跟別人約定的時間很彈性	1	2	3	4	5	6	7	8	9	10	11	從來不遲到
是好的傾聽者	1	2	3	4	5	6	7	8	9	10	11	會打斷別人說話
永遠從容不迫	1	2	3	4	5	6	7	8	9	10	11	永遠匆匆忙忙
能耐心等待	1	2	3	4	5	6	7	8	9	10	11	無法耐心等待
做事漫不經心	1	2	3	4	5	6	7	8	9	10	11	做事全力以赴
一次只做一件事	1	2	3	4	5	6	7	8	9	10	11	手上同時做許多事
說話緩慢、不慌不忙	1	2	3	4	5	6	7	8	9	10	11	說話有力（有時會敲桌子）
做事不管別人怎麼想，著重自我的感受	1	2	3	4	5	6	7	8	9	10	11	做事在乎別人的認同
做任何事情動作很慢	1	2	3	4	5	6	7	8	9	10	11	做任何事情動作很快
態度很隨和	1	2	3	4	5	6	7	8	9	10	11	態度很強硬
能自由表達情緒	1	2	3	4	5	6	7	8	9	10	11	隱藏自己的情緒
對工作外的許多事情感興趣	1	2	3	4	5	6	7	8	9	10	11	對工作外的事情幾乎不感興趣

分數報告

104-143分：極端A型人格（非常容易感受壓力）

91-103分：A型人格（容易感受壓力）

65-90分： B型人格（不容易感受壓力）

13-64分：極端B型人格（非常不容易感受壓力）

與數字賽跑的壓力

——金融服務業的情緒問題和紓壓建議

金融產品的價格瞬息萬變，同業異業競爭激烈，該如何讓頭腦保持靈活，提高抗壓能力呢？

星期一早晨，在銀行擔任理財專員的周小姐覺得特別不想去上班，心情也很煩躁，而且腸胃很不舒服。周小姐因為懷孕而無法服藥，在經過與心理師的諮商後，她吐露出自己在金融服務業常遇見的三種壓力：

1. 分秒與數字賽跑：股票與基金等金融產品的價格瞬息萬變，直接影響客戶投資獲利，因此需要時時緊盯金融市場的動態。

2. 客戶要求特殊待遇：有些ＶＩＰ客戶因為在銀行往來金額龐大，有時要求專員提供到府服務、大幅度手續費折扣等特殊待遇，大多數專員只能盡力配合。

3. 同業競爭日益嚴重：以保險這項金融產品而言，除了保險公司業務員可以銷售，金控公司的銀行、甚至電視購物頻道也紛紛加入戰局。

金飯碗不好拿

你是否也跟周小姐一樣有類似的身心症狀呢？別懷疑，這不是你的幻想，而是「週一憂鬱症」（Monday Blue）可能已經找上你了！

根據「勞工安全與衛生研究所」統計資料顯示，勞工工作壓力問題有愈來愈嚴重的趨勢。以行業而言，金融保險與不動產業的工作壓力最高，達二六．五％；其次為工商服務業，占二十％；第三是以公教為主的公共行政業，占十五．九％。

因為金融業壓力如此大，美國運通（American Express）便曾要求部分的財務顧問接受一系列情緒管理訓練。訓練成效顯示，他們比未曾接受訓練的同儕，業績表現高出十八．一％。後來，所有新進的財務顧問都必須接受為期四天的情緒管理訓練。

學好情緒管理，增加公司業績

丹尼爾．高曼博士是全球暢銷書《EQ》的作者，他與同事多年來研究發現，一個人在職場上的成功，確實有高達八十％的因素歸因於良好的「情緒管理」，其餘二十％才是能力、教育程度等因素。

美國馬里蘭大學的一項跨產業大型研究也發現，經由測量員工所展現的負面情緒，可以準確預測三年後的離職率與客戶滿意度。而如果員工能夠提升一％的正面情緒，就能為公司帶來二％的收入增加。無怪乎近年來，最熱門的職場教育訓練課程之一，就是「情緒管理」了。

華頓商學院教授南西．羅斯巴德（Nancy Rothbard）與她的同事也曾針對一家大型保險公司的客服中心員工進行研究，他們發現，不論是正面情緒或負面情緒都會影響員工的工作效率，但正面情緒的影響更強烈。最重要的是，她們發現工作以外的事比工作上的事，對員工的情緒與工作表現所造成的影響更大。

帶著惡劣情緒來上班的員工每小時接聽的電話數量較少，工作態度也不是非常積極。反之，帶著愉快情緒來上班的員工，每小時接聽客戶電話的次數更多，而原因可能是他們需要休息的次數較少。心情愈愉快的員工，將電話轉接給上級的次數也愈少，此意味著客戶已經從他們這邊獲得滿意的答覆了。

LOHAS讓你愈壓愈有力

既然知道了「情緒壓力」會影響我們每日的工作與生活的品質，那麼是否有一些原則與做法，是每個人都可以實行的呢？我想借用近來很熱門的「樂活」（LOHAS）觀念，提出有效情緒保養的建議：

☺Love：不管再怎麼忙，也要留時間去關愛你的家人與朋友。遇到挫折時，他們將會是你最好的依靠。

☺Outdoors：多走出戶外，享受太陽光免費提供的「多巴胺」（一種讓情緒愉快的神經傳導物質）。

☺Hobby：從事自己喜歡的嗜好，讓你在忙碌的工作之餘，至少有一項值得期待的活動。

☺Active：平時或放假的時間多讓自己「動」起來，接觸新鮮的人事物，將會讓你的頭腦保持靈活，抗壓性更高。

☺Security：尋找有「保障」的協助。當遇到無法突破的情緒障礙時，一個值得信賴的心理醫師可以幫助你做出有效的改變。

正確而適時地保養情緒，不僅能讓工作更快樂、更有效率，也能讓我們的身心更健康喔。

擠不出靈感的壓力

——創意藝術產業的情緒問題和紓壓建議

特立獨行，顛覆傳統，你也喜歡搞創意嗎？別忘了要能忍受批評，拒絕不合理的負擔喔。

小K今年二十六歲，是一家廣告公司的創意人員。她第一次踏進我的諮商室時，奇異的服裝風格讓我印象深刻。後來我漸漸了解有些從事創意藝術的人士，都喜歡以特立獨行的外表打扮來彰顯自我的風格。小K大學畢業後就進廣告公司，表現一直讓同事和上司非常激賞，也拿過國內一些廣告競賽獎項。但是最近她發現自己經常無法準時完成工作，熬夜交出去的作品品質也比從前低落許多。公司雖然一再給她機會，但是小K心裡知道，老闆已經快失去耐性了。她不明白，自己和男友感情穩定，同事也都相處得很好，自己到底出了什麼錯呢？因為她不願意到一般醫院看精神科，於是就在朋友的建議下，前來求診心理治療。

經過幾次心理治療協助，小K清楚看到自己面對的「心魔」竟然是躁鬱症！我好不容易說服她，躁鬱症需要藥物治療與心理治療雙管齊下，她接受之後，恢復情況漸入佳境，也懂了如何照顧自己的身心需求。現在她已經回復生病前的活力與創造力，甚至會笑著跟別人說，她跟畫家梵谷得的是同一種病，所以自己一定也是個天才。

躁鬱是靈感的來源嗎？

的確，歷史上有許多著名的創意藝術工作者，生前或死後都曾被診斷出罹患某種精神疾病，其中又以躁鬱症最多，例如，梵谷、托爾斯泰、海明威、韓德爾、舒曼、馬勒、希區考克、貓王、瑪麗蓮夢露等等。躁鬱症患者特有的「躁」期症狀，會激發他們暫時擁有過多的體力與靈感，能在短短幾個月內，創造出驚人質量的作品流傳後世。

儘管現代創意工作者的工作條件已經改善許多，但是跟偉大的前輩一樣，他們仍需要面對下列的強大壓力：

- 需要大量的靈感：從事藝術或創意工作的人，經常想顛覆傳統，因此需要大量的靈感。但靈感可不是像生產線，固定幾分鐘或幾小時就會自動跑出來，於是這就造成創意工作者的壓力來源。
- 面對他人主觀的批評：創造出來的作品，通常只有作者自己才知道嘔心瀝血了多久。但是其他人看到的只有作品表面的呈現，再加上自我主觀好惡的影響，因此作品經常會得到不經意的批評。創意工作者若無法自我調適，會陷入沮喪與憤世嫉俗的情緒漩渦之中，久久不能自拔。
- 工作時間不規律：這領域許多人有的是工作時間極長，有的是利用閒暇時間兼差，因此經常熬夜或睡過中午才起床，會造成身體「褪黑激素」分泌失調，進而影響身心健康。

• 收入不穩定：除了在公司上班的創意工作者之外，大多數人收入不穩定。這種經濟上的壓力會造成心理的不安全感、生活水準欠佳，甚至夫妻爭吵的來源。又以藝人的例子最多。

天才並非來自完美

有一位國內知名的電視製作人曾經說過：「要當藝術家之前，最好自己先是有錢人。」這當然是一句開玩笑的話，難道藝術與創意只允許有錢人玩嗎？

那麼究竟該採取哪一種態度與做法，去面對創意工作領域中的種種壓力呢？可以用我前面提過的借力使力的妙招。還記得「壓力公式」嗎？

$$\text{壓力}=\frac{\text{負擔}}{\text{能力}}$$

一個人的負擔愈大，或是能力愈小，則感受到的壓力愈大。因此創意工作者想要管好自己的壓力，不妨這麼做：

☺減少不必要負擔：負擔分為合理的與不合理的兩種。合理的負擔當然不該逃避，但是不合理的負擔，也應該有勇氣說「不」！例如下回有同事請你這位美編大師免費幫忙設計結婚喜帖，你就該委婉介紹一兩家值得信任的印刷公司讓她參考。

☺提升核心能力：想要在這個行業出人頭地，除了需要一定程度的天賦條件，後天技能的提升更是不可少。設計能力、溝通技巧、時尚敏感度、人脈關係等等，都需要有計畫地長期培養。抽空參加相關的研習與聚會，可以讓你「能力」與「人脈」一石二鳥，借力使力，豈不妙哉。

「天才並非來自於完美，而是了解自己的限制」！想要成為傑出的藝術創意工作者，需要擁有許多相關的能力，因此要投注更多時間與精力。如果能逐步減少不合理的負擔，提升自己的優勢能力，就能在競爭激烈的這個行業中獲得成就與滿足了。

重複而單調的工作

——客服人員的情緒問題和紓壓建議

不管外表多麼光鮮亮麗，背後總是有不為人知的壓力。學會讓工作變得有趣，就能對客人露出最真誠的笑容。

先進國家已經堂堂進入「服務業」時代，年輕人踏出校園後的就業選擇，逐漸由傳統的醫師、律師、教師、工程師這些專業職缺，轉變為各行業中的服務類職缺。這幾年各企業大量招募客服專員、電話客服人員，由此看來，這一趨勢已經非常清楚。

許多傳統產業也紛紛結合服務的精髓，順利轉型，創造極大的商業成功。例如傳統殯葬業結合專業服務的概念，誕生了「禮儀師」這項起薪高的新興服務行業，取代了師公的飯碗。傳統銀行則改裝門面，要求行員考取相關金融證照，於是創造出許多年薪千萬的「貴賓理財專員」。

年輕人受到高薪的吸引，多半想要投入服務業，但是半途鎩羽而歸的人不在少數。原因呢？主要是不了解從事服務業所面臨的壓力與必備的人格特質。

電梯鐵盒子裡的心酸

前一陣子正好遇到百貨公司週年慶，而兩家國內百貨公司龍頭，S公司與M公司，都不約而同邀約我到他們公司講授「情緒壓力管理」課程，希望能增加員工抗壓性，以面對即將來臨的忙碌季節。藉著這次難得的機會，我也實地了解百貨服務業不為人知的辛苦面。在那一系列的課程中，令我印象最深刻的是有幾位電梯服務小姐分享她們工作的心酸。

別看她們的制服光鮮亮麗，其實這群年紀輕輕的女孩子，有相當高的比例罹患膀胱發炎和靜脈曲張等症狀。其中一位告訴我：「邱心理師，我們工作空間就是一個二公尺長、二公尺寬、二公尺高的鐵盒子。每天少說要重複同樣的話和手勢一千遍。吃飯時間只有短短半個小時，為了避免經常上廁所，還要儘量少喝水。」另一位學員接著補充：「不管我們自己的心情有多鬱悶，面對每一位客人都得露出最甜美的微笑。」

這個話題似乎引起大家的興趣，又有學員發表她的意見：「像我對菸味過敏，有時客人身上的菸味很重，我只能儘量憋氣。但電梯又是密閉空間，那股味道要很久才會散去。」這次授課經驗給了我很重要的體會，那就是不管看起來多麼光鮮亮麗的職業，從業人員背後一定有許多不為人知的壓力。

討債也需要情緒管理

另一個讓我始終印象深刻的案例，是我有一次應邀至某家國際資產管理公司講授「情緒壓力管理」課程。在授課前，我習慣從承辦人那邊多了解公司的業務範圍、企業文化特色，以及對於課程效益的期待。原來該公司的老闆相當年輕，是經營所謂的

「討債公司」，但他的商業嗅覺相當敏銳，幾年前相中了各大銀行標售壞帳給合法民間公司的龐大商機，於是毅然決然將公司轉型，將原來的「兄弟」安排好出路，再大量聘雇年輕的社會新鮮人，施以標準化的教育訓練，合法地進行「壞帳處理」。這個行業的利潤來自向銀行標售來的壞帳折扣與實際向債務人取得的金額。如果是數目大的壞帳，這中間即使只有一至兩成的價差，也能獲得相當豐厚的利潤，而員工可以分得令人稱羨的業績獎金。

這樣的工作背後存在哪些壓力呢?有一位客服同仁告訴我：「我們經常被債務人罵，說我們沒良心，難道要把他們全家逼死才高興嗎？」另一位資深的客服經理則向我坦白：「有時候我也很同情這些債務人的處境，他們有些人是因為好心幫親友作保，對方還不出來，我們才找連帶保證人索討。我也有業績和房貸的壓力啊！」

站在第一線的壓力來源

我舉這幾個例子只是想告訴大家，服務業由於需要站在第一線與客戶接觸，因此自我情緒控制的功力，也就愈顯重要。以下我試著分析：到底從事服務業會面臨哪些壓力呢？

- 溝通技巧：每天跟客戶大量地往來，無論溝通的管道是電話、電子郵件、視訊，或是面對面，服務業人員都需要具備優異的溝通技巧。有些企業的客服電話專線，甚至會以電腦記錄每一通電話所耗費的時間，以及客戶對客服專員的滿意度調查。這些措施都讓這群從業人員隨時面對溝通效率與溝通品質的雙重壓力。
- 負面情緒：服務類型的工作者，經常接觸不滿意甚至是憤怒的客戶。這群客戶在拿起電話撥打客服專線前，已經受夠了故障的產品或錯誤的帳單，因此說話的語氣多半充滿沮喪、自我防衛甚至憤怒。服務人員每天要回覆上百件這類抱怨的電話或信件，極少不會影響自己的情緒。幾乎每一位客服人員都有被客戶「氣」哭的經驗。如果順利幫客戶解決問題，客戶往往也只是淡淡地說一聲謝謝，彷彿客服人員所做的一切都是理所當然的。長期累積這種「有功無賞、有過要罰」的情緒，對於許多客服人員來說，是導致職業倦怠（burnout）的主要原因。

- 無力感：有時客戶的要求很簡單，例如詢問維修費用報價，但是往往客服人員受制於流程或公司規定，無法當場立即給予肯定的回覆，這經常會引起客戶的不滿。久而久之，客服人員就會累積許多愛莫能助的「無力感」。有許多國內外的研究顯示，這種「無力感」正是造成許多客服人員消失工作熱情的主因。
- 重複單調：試想一種狀況發生在你身上，譬如你的公司出產一款手機，並且附贈一本印刷精美的說明書，裡頭對於如何使用手機以及排除各種故障狀況有非常清楚的說明。此外，公司的網頁也建置得非常完整，有幾十筆Q＆A協助購買者使用手機。身為一位專業的客服人員，公司訓練你如何應付各種最複雜、最困難的情況。但是，每天有百分之九十的客戶打電話進來詢問你的，還是像「電池蓋要如何打開？」「我的手機配件少了一樣」「怎麼調整手機音量大小」等等問題，你所受的最專業的訓練似乎都變成英雄無用武之地。若是資深的客服人員，由於長期聽取類似的意見與抱怨，常會強烈感受自己的工作內容是重複而單調的。

好服務代表好生意

當然，我也看過許多非常優秀且樂在工作的服務業精英。有幸成為他們的客戶，是我常常津津樂道的故事。

有一次我跟朋友到一家西餐廳用餐，用完美味的主餐後，一位年輕的男服務生幫我端上附餐飲料：一杯熱卡布奇諾。這時我突然想上洗手間，於是離開座位大約五分鐘，回來後，我發覺原本桌上的那杯飲料不見了。我正納悶時，方才那位男服務生走過來，手上端著一杯咖啡。他將熱騰騰冒煙的卡布奇諾送到我面前，告訴我，他剛剛看到我離開座位前尚未喝下我的飲料，擔心我回來後飲料已經變冷，因此主動幫我換了一杯剛沖泡好的熱卡布奇諾。

我心裡又驚又喜，好奇地問他是否經常做這麼貼心的服務。他說：「是的，我的經理授權給我們每一位服務生幫客人注意飲料的新鮮度。」可想而知，自從這次經驗之後，我變成這家西餐廳的忠實顧客，不知帶過多少朋友去那裡用餐。誰說好服務不代表好生意呢？

我觀察許多在服務業做得有聲有色且樂此不疲的工作者，發現他們擁有至少三個共同的能力：將工作變得有趣（西雅圖知名的派克市場的魚販像變魔術一樣將攤子上的魚拋給櫃檯包裝，令顧客驚呼連連）；將工作變得有意義（蓋教堂的工匠不認為自己只是蓋房子，而是蓋給神住的房子）；能從日常工作中獲得無比的成就感（迪士尼樂園的員工高興地看著遊客帶走歡笑與滿足）。讓自己成為快樂有效率的服務業工作人員並非不可能，只要你願意嘗試這些方法，相信下一位服務業達人就是你啦！

生死交關的壓力

——醫護人員的情緒問題和紓壓建議

每一個醫療決策，都沒有犯錯的空間。如何找到自己的「活力源」，成了維繫醫護人員生涯的重要課題。

雖然我本身也是醫事人員，卻很少有機會思考這個行業帶給自己的壓力。直到今年三月，我跟家人在醫院經歷十一天生死交關的日子。

三月初，我太太在台北的一家大型醫院接受剖腹生產手術，本來以為會相當順利，但沒想到過程中發生凝血功能異常，必須大量輸血。據後來醫療團隊描述，手術情況一度相當危險，幸好結果是順利的，但太太還是必須住在加護病房將近一週，以便接受最詳盡的醫療照護。這段期間雖然成了我們夫妻倆最艱困的時光，但是也給了我第一次機會，體認到醫護人員的工作壓力。

醫護人員的五種「壓力源」

根據我的臨床觀察以及相關研究指出，醫護人員經常要面對的壓力來源至少有以下五點：

1. 病人和家屬的負面情緒

不管是生了大病、小病還是因為意外才進了醫院，大多數病人和家屬的心情都充滿了焦慮、擔心甚至害怕，因此，對於醫護人員的照護會有高度的期待。病人或家屬只要感覺該獲得的醫療服務稍微慢了點，很容易就會產生埋怨的情緒。例如，餵藥、換尿袋的時間晚了幾分鐘，病人或家屬也許一著急就對護士抱怨，豈知原因是醫護人力配置長期短缺，或者是因為照護前面一位病患多花了些時間。站在同理心的角度，許多醫護人員都默默承受這些負面情緒，很少為自己辯護，以致累積許多負面情緒，長期下來，容易造成職業倦怠甚至程度不等的身心疾病。

2.醫療糾紛與勒索的陰影

不管在大醫院上班，或是自行開業，從執業的第一天起，每位醫護人員就得面對隨時可能來的醫療糾紛。因此每天幾乎都戰戰兢兢地衡量每一個醫療決策，沒有絲毫犯錯的空間。有時候就算從鬼門關搶救回病人，也不代表一定沒有醫療糾紛。最令人沮喪的例子是，原本病人和家屬都很感謝醫師的搶救，但幾天後因為聽信朋友的意見，而對醫護人員事後提起醫療訴訟！除此之外，名氣大的醫師有時會被黑道勒索，不管是選擇花錢消災或報警處理，心裡總還是會為自己或家人的人身安全而提心吊膽，有不少醫師因此選擇讓家人移民國外，自己一人留在台灣打拚。

3.心力付出與報酬不成比例

或許是因為媒體大幅報導負面新聞，醫療人員的社會評價似乎愈來愈低。有一項調查顯示，有七成以上的醫護人員不願意自己的子女將來從事醫療行業。最近我和一位大學教授聊天，她告訴我她剛上大一的兒子捨棄能上醫學院的分數，選擇就讀國立大學物理系，背後的原因竟然是受到電視劇「白色巨塔」的負面印象影響。除了缺乏來自社會的尊重與成就感之外，其實醫護人員的收入也不如外界想像的高。如果是抱著想賺大錢的想法而進入這個行業，其實還不如從商呢。

4.工作環境充滿病毒和感染源

大概很少有其他的工作場所像醫院和診所那麼危險。回想起SARS肆虐的那段時間，全台灣醫院中有多位醫師及護士因為感染而犧牲生命。即使沒有大型傳染病，平日醫院的空氣當中也充滿了各式各樣的病毒，工作台上有廢棄的針頭和不知名的血跡，加上看不見摸不到的電磁波和放射線……。可見每天工作於此的醫護人員有多沉重的心理壓力。

5.與家人相處時間嚴重不足

這是工作過量、工時過長而引起的副作用。許多邁入適婚年齡的醫護人員，忙到沒時間交友，或是對方無法體諒醫療工作的特性，因而形成醫生和護士談戀愛或結婚的特殊現象。這樣的好處是「約會方便」、「工作共識高」，壞處則是「人際關係狹窄」、「缺乏共通興趣」。就算能順利在年齡拉警報之前找到適合的結婚對象，但更多的挑戰往往出現在結婚及有小孩之後。由於多數醫護人員必須輪班或隨時待命，好不容易安排好跟家人相處的寶貴時光，有可能因為一通醫院的緊急電話而瞬間告吹。如果家人和小孩無法諒解，油然而生的挫折感，很容易讓醫護人員產生不知為何而做的感嘆。

從迷失到堅定

黃醫師是一位心臟外科大夫，五年前，他協助另一名主刀的醫師幫一位病患進行氣球導管及支架手術。這名主刀的醫師當時不慎將一段鋼絲留在患者的體內，造成患者腿部不良於行。經媒體報導之後，雖然主刀的醫師已經和病患及家屬達成和解，但是身為醫療團隊之一的黃醫師，辛苦維護的聲譽已遭受嚴重打擊。

這件事情曝光之後，黃醫師度過了一段心情沮喪的日子，甚至懷疑自己當初選擇行醫是否正確。後來他和家人商量，決定出國進修一年，希望能以時間淡化衝擊。幾年過去了，他回來看診後，病人的數目慢慢回復到以前的光景，媒體也淡忘這件醫療糾紛，不過黃醫師面對每一位病人變得更細心，也懂得與醫療團隊謹慎合作。

的確，為了與最新的醫學技術同步，加上病患的權力意識日益高漲，未來醫護人員的壓力來源只會愈來愈多。如何避免迷失於「壓力源」，尋到屬於自我的「活力源」，成了維繫醫護人員生涯的重要課題。

莫忘初衷，找到自己的「活力源」

活力源從哪裡來呢？你可以參考這三個方向：

☺培養工作以外的生活情趣

在台灣的教育環境下，只有「學業成績」最頂尖的學生才能考上醫學院。這群最會念書的學生苦熬將近十年後，終於成為執業醫師，但同時也可能失去享受生活的能力。反觀國外的醫療教育系統，多半同時注重學生的學業成績與術科成績，術科成績包括社團經驗、體育表現、人際溝通、志願服務等等。因此這群將來的醫生既會玩又會念書。這種「Work hard, play hard」的人生態度有相當大的助益，能幫助他們適應日後高壓的醫療專業生涯。

☺實踐健康的生活方式

國內外不同的研究顯示，醫生的平均壽命比一般人短少三至十年。可見每天勸告病人要健康生活的醫生，自己活得並不健康。正如西方古諺所說：「健全的心靈，寓於健康的身體。」想要提升自己的抗壓力，便要儘量讓自己睡得好、吃得對、想得開、動得勤。更重要的是，不管有多忙，每天還是應該安排至少十分鐘的時間，讓自己能夠充分放鬆，如果必要的話，應該學習有效的放鬆技巧，譬如腹式呼吸、漸進式肌肉放鬆法、冥想法。

☺建立正向的工作價值觀

許多醫護人員幾乎每天接觸的都是不快樂的人，以及最險惡的生死交關危機。我有一次去聽一位退休的老醫師演講，他提出一個非常有意思的問題：「優秀和普通的醫護人員在思考上有什麼重大的差異？」答案是：普通的醫護人員大多只思考眼前這個人生了什麼病，但是優秀的醫護人員還懂得進一步思考什麼樣的人會生這樣的病。因此我們可以說，普通的醫護人員看的是「病」，而優秀的醫護人員看的是「人」。每一位進到醫院或診所的患者及家屬，都期待被當作「人」來對待，因此醫護人員必須時時提醒自己是在從事一項非常有意義的行業：帶給人健康與生命。

記得我念高中面臨選組時，有一天心血來潮，下課後背著書包搭公車到一家醫院「實地考察」。從一樓的急診室、二樓的耳鼻喉科……一層樓一層樓逛，愈看心情愈沉重。逛到七樓的精神科時，我幾乎打消念醫科的念頭了。但心想既然來了，就把每層樓都看過一遍吧！於是拖著沉重的腳步上了八樓。或許是天意吧，恰逢育嬰室的開放時段，有將近十幾位先生帶著身體仍虛弱的太太，隔著透明玻璃對幾小時前才出生的嬰兒呼喚他們的小名。看著每一位父母的臉上透著驕傲與慈愛的光芒，當下我確定了醫學這條路是屬於我的選擇。

人生的因緣際會雖沒讓我成為婦產科醫師，替人們帶來新生命，但是我畢竟也成了為人們帶來心靈新生命的精神醫療工作者。如今事隔二十多年，雖然不常回想起這段往事，但只要一閉上眼睛，我仍能強烈感受到當時的感動，並且更加激勵自己「莫忘初衷」，帶給人們活力與新生命！

你是職場怠伯特嗎？

你是「呆」伯特、「怠」伯特還是「die」伯特？
別怕職業倦怠，那也可能是職涯重要的轉捩點喔。

漫畫家史考特・亞當斯（Scott Adams）筆下的呆伯特（Dilbert），是一個經常對工作不滿的工程師。許多忠實的讀者認為呆伯特道出了他們的心聲，而且，反映了現代上班族普遍存在的職場倦怠現象。

心理學的研究顯示，職業倦怠（burnout）是一種綜合心理主觀與生理客觀的現象。舉例來說，在同一家企業同一部門工作、年資相同的員工，有的人視工作為畏途，有些人卻始終能在工作中找到成就感，這說明職業倦怠的心理感受層面是主觀的。不過職業倦怠所造成的生理影響倒是可以客觀量化。有許多勞動衛生的研究顯示，長期處於職業倦怠的員工，罹患心血管疾病、慢性疲勞症候群、情感性疾患（憂鬱症、焦慮症、躁鬱症）的機率比一般人來得大。

到底職業倦怠對一個人的影響有多大呢？我覺得詩人佛斯特形容得最傳神：「大腦真是個奇妙的器官。它打從一早醒來就開始工作，一直到進辦公室為止。」相信許多人曾經在職場上遇到這樣的同事或主管：上班時表現得過且過，下班後卻將生活安排得精采萬分。這種行為模式，其實已經透露出職業倦怠的訊號了。

那麼要如何檢視自己是不是已經變成職場的「怠」伯特呢？不妨誠實填寫下列的心理量表。

克服職業倦怠的建議

如果自我測試之後，您發現自己有輕度、中度甚至嚴重的職業倦怠，建議可參考下列的方式，平衡您的身心：

自我測試：你是職場怠伯特嗎？

	是	不是
1.我認為公司裡有許多人應該去看心理醫生？		
2.主管對待我的方式並不公平？		
3.我覺得主管經常叫我做些無關緊要的事情？		
4.當我有需要時，我經常找不到同事幫忙？		
5.我最近曾夢到自己不小心把工作搞砸？		
6.週末時我的食欲和睡眠狀況比週間來得好？		
7.我覺得自己是上班一條蟲、下班一條龍？		
8.星期一早上我經常有打電話請假的衝動？		
9.如果有另一家公司願意雇用我，我會毫不遲疑跳槽？		

回答2~3個「是」：您已經有輕微的職場倦怠跡象。
回答4~5個「是」：您已經有中度的職場倦怠現象。
回答6個以上「是」：您已經有嚴重的職場倦怠症狀。

• 輕度職業倦怠：您和大多數上班族一樣，屬於職場的「呆」伯特。目前的工作對您來說，雖然能力游刃有餘，但既不是您的興趣也無法產生熱情，只是一張餬口的飯票。建議您先別辭掉工作，因為您很可能只是暫時遇到瓶頸，此時不妨多了解其他部門同仁的工作內容，或者主動參與跨部門的合作專案，很有可能您就會發掘出自己未知的潛能。

• 中度職業倦怠：您和有些上班族一樣，屬於職場的「怠」伯特，換句話說，職場倦怠已經上身有一段時間了。建議您先強迫自己放假一兩個禮拜，不管是到國外自助旅行或找一間寺廟閉關打坐，暫時脫離熟悉的職場環境與壓力，有助於重新面對工作中的人、事、物，進而對工作產生正面而積極的新觀點。

- 嚴重職業倦怠：您和少數上班族一樣，屬於職場中危險的「die」伯特一族，很可能您已經發現自己的生理或精神狀態大不如前了，甚至因為長期職場壓力而罹患重大身心疾病。建議您每年都應該做詳細的身體檢查，並且思考幾件事情：您到底願意為工作犧牲到何種程度？就算您願意做出犧牲，同仁以及家人會感謝您嗎？是不是沒有了工作您就變成毫無價值的人？職場有如一場馬拉松賽，勝利是屬於跑得久而不是跑得短的參賽者喔。

打好職場的下半場

二十世紀著名外科醫師奧斯勒爵士（William Osler）曾經說過：「發生在一個人身

上最好的事情，就是中年時罹患輕微心臟病。」這段話其實是相當有道理的。當一個人躺在病床上，生命遭受威脅時，會迫使他反省人生上半場是否過得值得，並重新定位人生下半場如何過得快樂。

現代人平均待在職場上大約有三十到四十年，在如此長的時間中，發現自己有職業倦怠並不是世界末日。重要的是應該趁此機會，好好檢視目前的工作帶給自己的除了經濟的保障，是否真能讓心靈快樂？

職業倦怠可能是職涯重要的轉捩點，您準備好如何打職場的下半場球賽了嗎？

三、心靈規劃篇

不景氣，更不能生氣
練習快樂技巧，工作更有效率
年節前後的心理調適
換掉壞主管，換來好工作
身心平衡三部曲
音樂，情緒紓壓的好幫手
紓壓五大技巧

不景氣，更不能生氣

快樂的好處不只一點點，就算什麼都漲就是薪水不漲，你也可以想辦法增加自己的「快樂淨值」！

近年來國內經濟不景氣，許多上班族面對「什麼都漲，就是薪水不漲」的壓力，根本快樂不起來。但是你可能要仔細思考，是否要這樣繼續沮喪下去？

職場心理學研究發現一項驚人的事實：快樂不僅能讓你賺更多的錢，還有其他更多的好處！

有錢等於快樂嗎？

到底是有錢人比較快樂，還是快樂的人比較有錢？《紐約時報》曾經報導，過去三十年來，美國人的收入平均增加了十六%，但是認為自己「非常快樂」的人數比例，卻從三十年前的三六%下降到二九%！可見愈有錢並不代表愈快樂。

我身為每天接觸形形色色心靈困擾的心理師，曾經碰到許多不快樂的千萬富翁。十年來，不斷仔細聆聽這些世人眼中「有錢人」的心理問題，我有了一個重大的發現。原來有錢人得到「真正」快樂的方式，跟其他人是差不多的。我強調「真正」的快樂，是因為這才是人們最渴望追求的。窮人的困擾很多都能用金錢解決，但是有錢人的困擾，很多卻不是金錢可以解決的。

有一位來諮商的人曾經這樣告訴我：「我這輩子最快樂的時光，是發生在我女兒四歲多時，我每天早上牽著她的手，帶她去幼稚園上學的那段路程上。」鴻海董事長郭台銘，曾經多次公開分享他最快樂的事情，是吃一碗媽媽親自煮的麵。像這樣的天倫之樂才是真正的快樂，而且不是有錢人才有的專利。

真正的快樂是選擇，而非狀態

如果把英文的「快樂」（Happy）和「發生」（Happen）兩個字放在一起做比較，你會驚奇地發現它們高度相似！沒錯，大多數時間我們是要靠著「某件事情」的發生，才能體會到快樂。這種快樂是一種短暫的狀態，來得快，消失得也快。

真正的快樂則可靠得多，只要你願意選擇它，即使處在世上最艱困的環境，快樂也可能降臨在我們身上。相信有許多人跟我一樣看過電影《美麗人生》（Life Is Beautiful）。劇中的父親（由義大利演員羅貝多．貝里尼飾演）為了保護同被囚禁在納粹集中營的五歲兒子，在殘酷無比的集中營裡，「選擇」以玩遊戲的方式讓兒子保有童年的快樂、天真與希望。

被視為全人類精神導師的達賴喇嘛，也曾經多次強調一個核心觀念：幸福快樂的關鍵，掌握在我們自己的手中！

快樂讓你變美、變有錢

東西方的科學家運用客觀的研究方式，已經證明讓自己更快樂，有許多意想不到的「邊際效益」。

大家是否曾想過，為什麼在情緒不佳的狀況下，我們的膚色看起來總是特別晦暗，並且特別容易長痘痘？法國一群頂尖的醫生與科學家已經找到了答案。原來不愉快的情緒與壓力，將會使身體產生一種名為CGRP的胜肽化學物質，進而刺激皮膚增生黑色細胞達五四％。反之，經常保持快樂的情緒，則會讓你擺脫「黑美人」魔咒。難怪心理皮膚學（psychodermatology）會成為目前最新興的一門醫學了。

此外，根據全球暢銷書《百萬富翁的智慧》作者湯瑪斯．史丹利博士（Thomas Stanley）的研究指出，快樂的人容易有好的人緣、正面的思維以及充沛的精力。許多人在成為富翁之前，就是朋友與同事眼中的開心果，面對工作總是有旺盛的衝勁與取之不竭的好點子，就算遇到困難，也不輕易放棄。也就是因為具備這種快樂的人格特質，因此在關鍵時刻經常有貴人相助，終有一天成為人人稱羨的大富翁。

不景氣，投資自己就對了

受到這波全球經濟危機影響的人數愈來愈多，每個人除了荷包變瘦之外，心理上也更容易感受到壓力。雖然國內尚無針對近來金融危機所造成心理壓力的相關研究，但是根據美國心理學學會剛剛發布的報告指出：財務是成年人最主要的壓力來源，每十人就有八人如此表示，這個比例比往年都高得多！

大多數做生意的人明顯感覺到獲利減少，上班族對物價節節上漲感到無奈，退休族則心疼為退休所做的金融投資有可能腰斬甚至血本無歸。從經濟學的角度，毫無疑問每個人必須認真地開源節流，但是從心理學的角度呢？每個人可以開始為自己或家庭做些什麼嗎？

這讓我回想起美國小羅斯福總統在他首次就職演說中的一段名言：「我們唯一必須恐懼的就是恐懼本身。」請聰明善用心理學的建議，替生活增添正向的能量，避免不必要的恐懼：

建議一：避免過度吸收負面訊息

這段期間不管打開報紙、電視或收音機，媒體幾乎都轟炸式地報導負面的經濟訊息。所以你該儘量避免過度吸收這方面的消息。如果是工作上需要，不得不接觸，也得隨時提醒自己多接觸正面的訊息，例如閱讀激勵人心的文章或書籍，看一場幽默或感人的電影，隨時讓自己的正、負面情緒獲得適當的平衡。

建議二：暫時別做重大決策

講到壓力，人和動物不一樣的地方在於，動物一遇到壓力事件（例如被天敵盯上）只會有兩種反應：戰鬥或逃跑（fight or flight）。人類雖然也有相同的反應機制，但是我們的大腦更為複雜，有能力運用「理智」與「推論」來評估各種反應的優劣點，然後選擇對自己或團體最有利的方案。但是為了讓理智能夠凌駕於情緒反應之上，我們必須先幫大腦創造一個「緩衝區」。大腦醫學研究發現，想要抑制比較原始的負面情緒反應（如憤怒、恐懼、焦慮），這個緩衝的時間大約需要六秒鐘。在這六秒鐘，大腦的理智中心就能逐漸取代情緒中心，成為我們行為模式的主人。當然，金融海嘯衝擊每個人的複雜程度，遠遠超過單純的負面情緒，因此更需要留給自己至少幾天的冷靜期，千萬不要讓你的「衝動」變成「行動」。

建議三：找出壓力下的經濟行為模式

有些人習慣用血拼消費，當成紓解壓力的方法。例如我就遇到有些家有幼兒的職業婦女，一碰到工作不順利，就經常習慣性地大肆購買小孩暫時用不到的衣服或玩具。而且當事人通常都會說出一大套道理，試圖合理化自己的行為，譬如「是買給小孩的，又不是買給我自己」、「先買著，遲早會用到」等等。其實這是一種壓力下不健康的經濟行為模式，久而久之，會為自己累積額外的經濟壓力。

建議四：化危機為轉機

景氣好時，大夥忙著賺錢、追求頭銜，忽略了自己的健康還有和家人的關係，工作與生活呈現不平衡的發展。趁著這波不景氣，反倒是充實自己身、心、靈的大好機會。生理部分可以多花點時間運動或注意飲食，儲存自己的健康本錢。心理部分可以促進自己與家人的親密關係，或者多探索自己的價值觀、興趣與潛能。靈性部分則可考慮慎選並參加一些心靈成長課程或宗教團體。

不景氣的時代，投資任何金融商品都有很大的風險。唯一不但保本而且報酬率最高的投資就是：「投資自己」！

練習快樂技巧，工作更有效率

幸福不是靠遺傳，快樂可以培養出來。
沒有人能時時快樂，只要大多數時間快樂，就是快樂的人。

曾經有一個富有的企業老闆，為了把高爾夫球打得更好，花了好幾千元美金報名參加一個非常知名教練的私人課程。這個老闆原本期待教練會馬上帶他到球場指導揮桿，誰知道教練卻帶他到一個小房間內，給他紙和筆，要他寫下打高爾夫球最重要的十個理由。這位大老闆帶著疑惑，心不甘情不願地寫完之後，教練要他逐一消去比較不重要的項目，最後，他只剩下兩個理由：「健康」與「快樂」！

說也奇怪，上完這位教練幾小時的課程之後，這個老闆的球技真的進步不少。球友們都很好奇他的祕訣是什麼，追問之下，大老闆終於透露。原來，他把多打一桿當作賺到「健康」，少打一桿當作賺到「快樂」。這樣的態度讓他日後打球時不容易患得患失，球技自然容易發揮了。

快樂的習慣是可以培養的

同樣的，有愈來愈多的職場人士，也體會到工作的目的原來是為了更快樂的生活與更健康的身心。因此在考慮任何工作轉換時，除了將職位、薪資、福利等因素列入考慮，也會積極思考「快樂」與「健康」。

快樂彷彿成為現代人的奢侈，其實快樂是一種感受，也是一種能力，能藉由練習產生，只是在高度生活壓力下的人們，往往疏忽甚至遺忘學習快樂。

心理學研究與臨床治療經驗顯示，能隨時保持快樂情緒的人，通常比較能擁有成功的事業、人際關係和健康的身體。快樂是一種很主觀的感覺，但還是有學理上的定義：「多數時間能夠感受正向情緒（包括感恩、欣賞、滿足、喜愛、寬恕等等）的一種身心靈狀態」。

幾個簡單的快樂技巧

長期處在同一種情境下，維持正向思考的能力會下降，因而養成負面思考的習慣。上班族每天面對不同工作狀況，確實很難一直保持高昂的正向情緒，卻有幾個方法可以幫助自己：

☺給自己一個健康的身體：身體有病痛，精神狀態通常比較萎靡。人是動物，情緒好壞必然會受到生理健康狀態和荷爾蒙分泌影響，如果沒有健康的身體，就很難感受正面情緒。

☺懂得切割情緒：壓力與情緒如果沒有適時發洩，很容易帶回家裡，擴散不良情境。你可以透過一些具象的手法，來練習切割情緒，例如：結束工作後，拿張白紙寫下今天在公司發生的事情，寫完後鎖在辦公桌抽屜裡，不再想它；或是採取完全隔離法，工作儘可能在公司完成，下班後不帶公事回家；也可以和家人約定好，回家不談公事，讓公司歸公司、家庭歸家庭。

☺設定快樂目標：除了工作目標，上班族也要幫生活設立快樂目標，如安排某時到某地旅行。有了生活目標，才不會一直被工作目標牽著走，也就不會一直陷於工作情緒中。

有一句廣告詞說：「幸福是會遺傳的。」我想告訴大家：「快樂的習慣是可以培養的，只要你學會練習的技巧。」沒有一個人能夠時時快樂，只要意識清楚時有超過五十%的時間能感受快樂，就是快樂的人。

儲值快樂的摳門方法

有什麼方法能讓自己的快樂淨值一直增加，又不讓錢包失血呢？這裡有一份可以從早到晚保持快樂的每日活動表，參考看看囉！

06：30	養成早起運動的習慣，身心更健康。
09：00	辦公室養盆小植物，累了有它作伴。
12：00	跟同事一起吃午餐，千萬別搞自閉。
12：45	抽空午睡十五分鐘，讓你下半場更有力。
15：00	跟MP3一起搞「失蹤」，聽首勁歌回回神。
17：00	感謝今天幫助過你的貴人，讓你人緣更好。
20：00	留點時間給家人，他們是最關心你的人。
22：00	禱告或感恩，老天爺又給了你一天的生命。

年節前後的心理調適

長假到了，心情又開始浮動不安嗎？
不論要與家人相處或想換工作，你都需要懂得取捨與許願的技巧。

許多上班族辛苦工作了一年，最期待的就是農曆年的春節長假，有人或許早已安排好跟家人團聚出遊的計畫。但是也有不少人對於春節期間必須跟某些家人朝夕相處感到焦慮甚至恐懼，還有一些上班族則是心情開始浮動：「領完了年終獎金，我是不是該換個工作？」「我再也不想忍受這個豬頭老闆，過完年我就走人！」類似的念頭，悄悄浮現在腦海。

上班族這些矛盾的心情，最常見的就是「希望 vs.失望」及「疲倦 vs.興奮」。回顧過去的一年，自己曾經訂下的種種目標或生活願望，如今一一檢視，是否仍不滿意呢？面對新的一年，應該再給自己一次機會，充滿興奮和希望的心情吧？

家家有本難過年的經

曾經有一位中年婦女，在過完年之後診所開門的第一天，就要求我當天幫她進行緊急的心理諮商。原因是她跟婆婆的關係一向緊張，平時分住不同城市，但過年必須回婆家住，又被拿來跟其他媳婦比較，讓她那幾天的情緒壓力極為緊繃，懷疑自己是不是得了躁鬱症。

她嫁的是長子，結婚五年膝下猶虛，眼看其他弟媳一個接一個生下健康活潑的兒女，婆婆經常有意無意說些話來暗示她，像是：「所有媳婦裡面妳是最漂亮的，以後妳的小孩一定也很漂亮。」她聽在心裡，自然很不是滋味。畢竟，她跟先生一直很努力想要有小孩，奈何天不從人願。

像這樣相處有困難的家人，平日大家可以用工作忙碌為理由，儘量避免互動，但是一遇到注重團圓氣氛的年節，不管喜不喜歡，總是免不了相聚。與其把這種情況當成每年不得不面對的痛苦，不如積極正面地改變彼此的人際互動模式。其實，只要好好掌握人際關係的四個H，再難搞的家人，也會變得可愛。

①Hello（熱情招呼）：新的一年，不管是對於工作或跟家人的關係，大部分人都希望拋開過去的不如意，有一個美好的開始，只是願意主動踏出那第一步的人還是少數。其實，見到對方時給予熱情的招呼，不僅可以給對方一個台階下，往往也使得冰封已久的關係，瞬時解凍。

②Help（主動協助）：人與人之間互動不良，很多時候是因為互動不足。藉由假期的團體生活，不但可加深對彼此的認識，也應隨時注意對方有沒有任何需求，例如照顧小孩或廚房裡的家務事。如果是自己幫得上忙的地方，不妨大方提供協助，家人一定會逐漸對你由感激產生感情。

③Humor（有幽默感）：如果雙方已經交惡多年，對心中的不滿難免有不吐不快的衝動，此時，就需要某一方發揮幽默感，將尷尬的氣氛化解。而最高級的幽默

是讓對方覺得「他聰明，你傻瓜」。

④Hope（給予希望）：當假期快結束時，應該約定下一次聚會的時間，例如對方的生日或者自己搬新家的派對。這樣做才不會讓好不容易彌補的關係中斷，也能給雙方更多期待的樂趣。

揪出讓心情浮動的害蟲

最近有一家國內的人力銀行調查發現，有高達七成五的上班族考慮在過完農曆年後換工作。這個數據如果是準確的，相信很多當老闆的可能會「挫著等」！

為什麼每年到了年尾的時候，都會有一波員工離職潮呢？原因有二：經濟的考量與心理的需求。經濟上的理由大抵是為了那一筆可觀的年終獎金，而心理需求的原因就複雜許多，舉凡對公司文化不滿意、同事間缺乏尊重、工作上欠缺支援等等，如果正常的心理需求長期無法被滿足，就容易影響我們看清楚事情真相的能力。

如何揪出這些讓心情浮動的害蟲呢？最好的方法可以從農夫的身上學習到！

• 分清楚雜草與作物：農夫的田裡通常只有少數幾種農作物，但是雜草與害蟲卻有幾十種。這點跟每個人工作時的心理很相似：值得我們付出心力的工作很少，但是干擾我們的事物卻是很多。聰明的農夫絕對不會因為忙著除草殺蟲而忘了為農作物施肥；聰明的工作人也絕不能因為忙著處理雜務，而忘了執行自己重要的工作目標。

• 有捨才會有得：有時果園裡的某一棵果樹已經病得太厲害，有經驗的農夫就會當機立斷將它連根拔除，以免傳染給其他健康的果樹。有智慧的職場工作者同樣要懂得取捨與妥協。喜歡一份有理想的工作，可能代表必須暫時忍受偏低的物質報酬。太過堅持魚與熊掌兼得，只會讓自己落得一無所有。

訂下新年度SMART目標

有多少人在新年倒數的時候，默默許下願望？只要願望許得有技巧，達成的機率就會大許多呢！你也可以學會聰明地立下年度目標：

S（specific）＝明確性

你可能想在新的一年達成許多目標：變瘦、升遷、受歡迎、換車等等。先集中精力於某一個項目上，等達成了第一項再進行第二項，成功機率將會倍增！

M（measurable）＝可量化

「我今年要賺很多錢！」那麼對你來說怎樣才是「很多錢」呢？到底是一百萬還是一億元？一個比較容易量化的目標應該是類似這樣：「我今年的收入要比去年成長二十％！」

A（attainable）＝可達成

一個合理的目標應該是讓人感覺有「挑戰性」，而不是覺得那是「不可能」的任務。設定一個注定會失敗的目標，只會打擊自己的自信心罷了。

R（relevant）＝相關度

如果你十年後的生涯目標是坐上總經理寶座，那麼你就應該在新的一年中，盡量學習當一個總經理所須具備的能力與態度。如果你十年後的生涯目標是要開一家民宿，那麼你可能現在要報名學烹飪和泡卡布其諾。

T（timetable）＝有時限

如果做一件事情沒有任何時間限制，那就跟休閒沒兩樣。一般而言，三年是理想的中程目標時限。想想看三年內我們可以完成的事情還真不少：一個碩士學位、學會一項樂器或是一種新語言。

一個極想在工作升遷上獲得突破的上班族，新年度的SMART目標可能是「在三年內取得國立大學的企管碩士學位」。你的是什麼呢？

善用過年的長假，讓自己平時紛亂飛轉的情緒沉澱下來，客觀評估自己內在的需求與外在環境的要求，找到新的一年值得努力的目標，才是送給自己最好的新年禮物。

換掉壞主管，換來好工作

與其留在身心皆不安的壞工作，不如找個健康的好工作，保護自己的權益，是在職、求職都要注意的事。

小玲最近離開一家工作三年多的公司，原因是直屬上司騷擾她，而公司高層也袖手旁觀。但她應徵工作時碰到一個問題：面試官要她提供幾個推薦人，包括之前直屬上司的聯絡方式。小玲不想讓前上司當推薦人，該怎麼解釋，才能讓未來的雇主滿意，又不會揭露自己太多的隱私？

在這種情況之下，百分之百的誠實，不見得是最好的方法。小玲用了「騷擾」兩個字來描述前任主管對待她的方式，表示有一些細節並不想讓太多的人知道，這點是可以理解的。但是如果完全提不出解釋，讓未來可能的雇主做背景調查，也會啟人疑竇。

面試該注意的三件事

小玲在面試時，可以注意下列三點：

1. 盡量描述事實，而非過程

當面試官問起離職的原因時，你可以說：「儘管我很努力工作，但是在前任部門主管的領導之下，我實在看不到自己未來的前途在哪裡。」強調離職一事並非你希望發生的，卻不得不做此困難的決定。盡量避免去談論你跟前主管之間發生的種種細節，以免把面試官嚇著了，連帶可能的工作機會也就丟啦。

2.強調工作價值觀的差異，而非意見的不同

如果被問起與前主管的相處情形如何，當然犯不著說謊，否則萬一被拆穿，就算跳到黃河也洗不清。你可以表示兩人在專業上的合作沒有問題，但是在工作價值觀上的確有些不同。因此你跟前主管的相處之道，僅止於單純工作上的關係，盡量避免牽涉私人情誼。

3.蒐集過去工作的成績，為自己加分

把過去工作上曾經參與的專案或值得一提的績效，用數據、圖表等呈現方式，讓面試的主管一目瞭然，加深他對你的好印象。如果你過去工作表現良好，其他部門的主管很有可能了解你的優點，你也可以請他們擔任你的推薦人。只不過，你要提醒他們，你並不想張揚跟前主管之間的紛爭，請他們萬一被問起這部分，盡量輕描淡寫就可以了。

沒有人有權利在職場上「騷擾」其他人。如果你真的很強烈感受被前主管「騷

擾」，而且也掌握確實的證據，建議你不妨考慮採取法律行動，適度保障自己該有的權益，同時也保護後來進到那家公司工作的其他人。

如何換個「健康」的好工作

年關將屆時，許多人都會計畫好領了年終獎金就要換工作。連我身邊的朋友及正在接受諮商的個案，都有將近三分之一表示自己有換工作的打算。

這種現象原本是每年年底都會發生，不值得大驚小怪，但是我觀察到一個特殊現象，倒是值得跟讀者分享，那就是有愈來愈多的職場人士，為了自我「身心健康」的因素，決定轉換工作。跟以往為了追求更高的職位、薪資、福利等理由相比，顯然有更多的職場人士體認到「留得青山在，不怕沒柴燒」的道理。

許多人以為，工作上的不開心及壓力，只會影響到自己的人際關係與情緒，殊不知愈來愈多的醫學研究顯示，職場上的「壓力」可能影響到一個人罹患心血管疾病的機率！根據二〇〇五年底的《身心醫學期刊》（Journal of Psychosomatic Research），芬蘭的一組研究人員針對大約一千名年齡二十四到三十九歲上班族的心臟動脈血管健康情形，與工作壓力、抽菸、飲酒、運動習慣、體重、膽固醇等變因做交叉分析，結果發現最明顯的因子是「工作壓力」！尤其是符合工作壓力程度高的男性受試者，罹患心臟動脈血管硬化的比例高達二九％，而且未來罹患心臟病、中風的機率比一般人來得更高。

在這項研究中，工作壓力高的人通常對下列問題的答案都是「YES」！

- 你經常必須匆匆忙忙將工作做完嗎？
- 工作內容有某一部分對你來說太困難嗎？
- 你的工作會對你的心理或精神造成負擔嗎？

由於我長年從事心理諮商，對於個案所從事的工作必須有深入的了解，再加上我一直密切觀察各種不同行業的發展趨勢，所以近年來已經整理出一張「健康行業」的名單。從事這些工作或許不能讓你賺大錢，但是跟大多數工作比較起來，對一個人的身心靈絕對是健康許多。我這份名單的篩選標準，除了職缺供需正值熱門，更重要的是工作的環境與所接觸的客戶，都有助於大多數人的身心靈健康。

①銀髮族相關行業：由於嬰兒潮那一代的人口已逐漸邁入老年期，可預見的是他們的視力、聽力、肌肉骨骼等將逐漸衰退，因此相關行業如驗光師、聽力師、職能治療師、物理治療師、相關醫療器材進口等，前景可謂一片大好。如果你喜歡跟老人接觸，又希望能實際幫助他們，這是你的夢幻工作。

②寵物相關行業：現代人不生小孩只養寵物的愈來愈多，因此像獸醫、寵物美容、寵物墓園、相關產品進口及設計，甚至像國外有專門做貓狗心理治療的「寵物心理醫生」，都很適合本身就喜愛動物的人士轉職時慎重考慮。

③心靈相關行業：如果你在照鏡子的時候，不是問「我今天的髮型好看嗎？」而是自問「我是誰？」那麼你的工作機會就更多了。心理師、宗教神職人員、命理師等幫助他人重建心理健康、找尋生命意義的工作，可能就是你的職涯第二春。

您想換工作嗎？希望您越換越健康。

自律讓你登上職場高峰

工讀生也能出頭天，只要具備自律的精神，就像馬拉松長跑一樣，堅持累積小的里程，最後就能抵達目標。

Roger大學畢業後，並沒有像其他同學忙著準備研究所考試，反而瞄準跨國科技大公司的工作機會。這樣的公司多半只會錄取國外名校研究所畢業的高材生，因此Roger想要以本地大學畢業生的學歷獲得青睞，機會自然相當渺茫。大多數的公司連Roger的履歷看都不看。好不容易有幾家公司願意讓他面談，Roger把握機會告訴面試官，他願意從一小時幾十元薪水的工讀生做起，試用期滿如果公司認為他表現很好，再將他升為正式職員。有一家筆記型電腦領導大廠的人力資源主管非常欣賞他的精神，破格錄取他成為該公司有史以來第一位大學畢業的工讀生。

Roger雖然只是領時薪的工讀生，但是在試用期的三個月中，每一天都是全公司最早到的人。他將一早要開會的會議室設備與茶水準備妥當，下班時也是辦公室最晚走的人，將每日在職場上學習到的重點以及值得改進的地方，一一記錄下來，隔天主動找主管討論。

這種高度自律的表現，果然獲得行銷部門主管的激賞，試用期尚未滿就將Roger升為正式職員。自知學歷不如人的Roger，為自己擬定「英文」、「專業」、「溝通」三大學習行動方案，每日按表操課。譬如說，他每天早上利用坐公車上班的三十分鐘，聆聽並閱讀英語學習雜誌；每天中午午休必定用半個小時研讀行銷專業書籍，或分析比較同事與自己行銷提案的優缺點；為了加強自己上台提案的溝通表現，每週末必定報名參加溝通課程或聽名人演講。經過三年持續的努力，他終於當上了基層主管；不到五年，便成為公司有史以來最年輕的行銷部門主管。

以上是千真萬確的案例，發生在我熟識的人身上。它也印證了外國的許多研究報告：工作收入並不等於未來的財富累積；有自制能力的人才有比較好的工作表現，能夠累積較多的財富。

培養「延遲滿足」的能力

美國心理學家瓦特・米迦爾（Walter Mischel）曾對史丹佛大學附設幼稚園的孩子進行一項「延遲滿足」的實驗。研究人員把四到六歲的孩子輪流叫到有攝影機的房間，每個孩子都被告知，如果在研究人員離開時，他可以不碰桌上的棒棒糖，幾分鐘後研究人員回來就會再給他一根。結果每個孩子的表現不同，有些完全沒有辦法克制想吃糖的衝動，有些試圖克制但未成功，有些則能成功克制衝動。研究人員持續追蹤二、三十年後他們在學業和職場上的表現，發現在年幼時就展現出自律特質的人，無論在學業成績、最高學歷、工作起薪的表現都比沒有自制能力的人明顯來得優秀。

自制的特質在心理學上被稱為「延遲滿足」。每個人都有許多需求，但有些人必須馬上被滿足，有些人可以延後。自律其實是「需求」和「目標」之間很重要的連結。人的需求會形成目標，但目標不一定可以馬上達成，這時候就需要自律的精神表現出來。舉例而言，很多人喜歡釣魚，釣魚的過程其實很枯燥，但很多人還是樂此不疲，你問釣魚的人什麼時候最快樂，那絕對不是在餐桌上吃魚的時候，而是魚上鉤的那一剎那，帶來了成就感和刺激感。

為了後面幾秒鐘的滿足，願意發揮自律的精神，度過前面好幾小時的等待，就是一種展現自律、最後達成目標的表現。自律性高的人非常想滿足自己的長期目標，因此可以對短暫的滿足或無關緊要的事物視而不見或加以拒絕。

向頂尖運動員學習自律

美國曾經有一位女性的游泳選手，要挑戰橫跨加州海峽，如果她成功了，就會成為一九五二年以來首位橫跨加州海峽的女性。結果在挑戰那天霧非常濃，連陪伴在旁邊的救生艇都看不到，也聽不到艇上隊員的加油聲。在歷經十五小時之後，她放棄了，回到救生艇上，才發現自己離岸邊只剩下幾百公尺。

這位運動員失敗的原因在於看不到岸，看不到目標，因此前面十五個小時的自律都化為烏有。這說明了明確、具體、可拆解的目標，是非常重要的。

馬拉松是另一項非常需要自律的競賽。一口氣要跑四十二多公里的距離，會讓人覺得怎麼樣也辦不到，但頂尖的馬拉松選手會如此訓練自己：比賽前先開車去看賽場，找尋五公里、十公里……四十公里處的地標。到了真正比賽的時候，就告訴自己「先專心跑到下一個地標就好」，跑著跑著，最後會發現自己不知不覺就到達終點了。

將大目標拆解成為小目標的好處在於，小的目標比較容易達成，而每次達成小的目標就可以對自己更有信心。這就是心理學上所謂「自我預言的實現」，每次達成小目標所帶來的信心逐漸增加，累積許多小的預言實現，最後就會成為一個大的預言實現。

用目標激勵自己、強化自律

自律性高的人，除了成績、學歷、起薪比較高之外，成為企業主管的機率也比較高，但也有很大比例的人是選擇自行創業。

自行創業的人比上班的人更需要自律，因為沒有「上頭」的人會來管理你。史丹佛大學的另一個長期研究追蹤了二十五年，發現生活沒有目標的人，大部分會變成社會底層的人；生活目標模糊的人，可能變為藍領階級；目標明確的人，則會變成白領或專業人士。自律性非常高，會把目標具體化、給自己適當壓力的人，最後都會成為社會的頂尖人士。

到底該如何把目標具體化，並給自己適當的壓力呢？大家不妨參考《心靈雞湯》這套暢銷書的作者傑克．坎菲爾德（Jack Canfield）的真實經歷。他原先是一個非常潦倒的窮作家，但有一天，他覺得應該給一個目標激勵自己，所以就把一張百元美鈔拿出來，用簽字筆加上四個零變成一百萬，並且把這張鈔票貼在臥室的天花板上。每天睡覺的時候，他都看著鈔票激勵自己有一天會得到這樣的財富；每天早上醒來就告訴自己，所有的努力有一天會化成具體的成果。

這個過程讓他愈來愈相信自己，就算書還是沒有賣出去，他還是會留意相關的訊息，譬如說，雖然每天關起門來寫作，他會開始留意公關、宣傳的方式。他發現報紙是很好的傳播媒體，於是去參與記者出現的聚會，在每次聚會中，都跟記者交換名片，最後他換到了當地最大報社記者的名片，因此得到了書籍曝光和出版的機會。書籍出版半年後，他收到了出版社送來的版稅支票，正好就是一百多萬美金。

由此可知，想成為職場強者，擁有一個明確、具體、承諾的目標是很重要的，因為這會強化自己自律的行為。

工作改變你的性格嗎？

你把工作當成「職業」、「專業」還是「志業」？
投入工作是好事，但也要懂得適時換檔喔。

前一陣子有幾位前來心理諮商的個案，恰巧都是剛剛退休的銀髮夫妻，遇到的問題是配偶抱怨對方雖然已經退休，但心態卻老停留在過去的職位上，甚至發現對方性格變得難以忍受。

的確，我看過不少人因為長年從事某一工作類型，進而影響到自己的個性，甚至是價值觀。心理學定義個人對工作的投入深淺有三個層次，第一層是把工作當職業（occupation），第二層是專業（profession），第三層的投入最深，叫做志業

（vocation）。一個人愈投入自己的工作，愈可能與工作所代表的價值觀、角色產生深層的互動。從心理學上來說，個人對工作愈投入，工作價值觀與個人價值觀衝突的問題就會產生愈大的影響。譬如業務工作的價值觀是比較利益導向的，這一點如果跟個人的價值觀不符，就有可能使情緒受影響，沒有安全感和成就感。

保持彈性才是健康

我常到企業幫員工上課，課程中我常會適時設計一些互動單元，讓員工可以了解自己的工作價值觀是什麼。透過設計一個小故事，裡面有各種代表「客觀冷靜」、「尊重他人」、「利益導向」、「犧牲奉獻」等特質的角色，我經常發現，成功的業務員常常會認同故事中代表利益導向的角色，而從事財務或法務工作的員工，大多高度認同故事中代表客觀冷靜的角色。一般來說，投入工作愈深的人，愈容易認同故事裡跟自己工作價值觀相同的虛擬角色。

每個工作都會有社會大眾所賦予的特殊期待，例如教師常被期許道德水準較高、個性較溫和，但其實任何人透過教師甄選的程序都可以擔任教師，並不是只有特定個性的人可以擔任。用這種對個性、價值觀的單一框架去看教師，其實並不符合現實的狀況。所以，當一個人所從事工作的價值觀與個人的價值觀不符，就會在認知上產生嚴重的矛盾，長期下來更可能形成身心疾病。

在精神醫學上，我們定義心理健康的人是所謂有彈性的人。在職場上其實也是如此，要擔任成功的業務員或管理者，都需要有彈性。企業的本質，其實就是人跟人的互動，既然要應對的人有千百種，應對的方式也應該要有變化的彈性。如果你在工作上常被定義是很「業務性格」的人，這不一定是褒或貶；但如果是人際關係被朋友評價很「業務性格」，可能就是一種失敗了。因為這就代表你已經失去了彈性，無法在工作與生活間做出轉換。

工作與生活轉換的三個步驟

到底應該如何在個人特質與工作性格之間做出轉換呢？成功的轉換有三個步驟。

第一是「自助」，譬如說，上下班的通勤時間，就可以變成工作與生活的緩衝區，利用在交通工具上的時間練習靜坐、冥想等放鬆技巧，讓自己有獨立的時間去為還沒有完成的事做規劃，排定生活的優先順序。做好愈多的規劃，緩衝區的效果就會愈好。

第二個步驟是「他助」。如果個人的自我覺察沒有那麼好，便可以邀請家人、伴侶幫忙，請他們提醒你，別把工作的壓力、情緒、個性帶回家，例如：「你現在看起來又像業務經理了。」這種善意具幽默的提醒，可以幫助自己做出切換，甚至可以提醒「你現在是幾檔啊」。畢竟生活和情緒是需要換檔的，不需要一直往前衝，要讓自己有適度的休息。

如果前面兩個步驟都無效，可能就需要「專業協助」，也就是第三個步驟。當你發現自己已經有身心症狀產生，譬如變得容易因為小事情而發怒，或是本來感興趣的事現在都失去興趣，甚至出現自我傷害的行為，那就要接受心理諮商的專業協助了。

善用工作性格於生活中

工作性格其實是一體兩面，有好有壞。在工作上來說，把一個「工程師性格」的人放在不同的部門，就會有不同的評價。若放在人力資源部門，可能被認為很冷酷無情、不通情理；如果放在代表公司對外談判的部門，他則可能被認為很冷靜客觀、就事論事。

在生活的層面上，一些需要理性決策的事項，確實需要這種工作性格來協助家人。例如家裡要買房子、買車子或有比較大的投資時，都會需要理性者的存在。家庭可以授權給這樣特質的人，做比較好的決定，而這些人也會覺得自己對家庭是有參與的。

因此，不管是面臨日常生活或退休生活，應該體認工作個性是沒有好壞的，只是需要在適當的時候運用，做出應有的彈性調整，如此才能充分享受工作帶來的豐富收穫。

退休的心理資產配置

退休不見得是職業生涯末日，
重點是要找到新的人生定位，提前布局。

根據官方的統計，二〇〇四年台灣地區平均退休年齡已經跌破五十五歲。此外，內政部的人口統計資料也估計二〇一〇年將達到退休高峰，每年有近四十萬人加入退休養老行列。隨著嬰兒潮退休人口成長，經建會估計，二〇一一年時，台灣六十五歲以上人口比重將正式突破十%，走在街上，每十個人就有一個老人；到了二〇二一年，六十五歲以上老人將占十六%，高齡化人口與日俱增。

「退休」二字對您代表何種意義呢？許多理財專家表示，一對夫妻只要銀行戶頭存夠三千萬，就足夠兩人高枕無憂地退休，因此建議上班族及早做好財務資產配置（financial portfolio）。但事實上，退休除了需要財務資產配置，更需要心理資產配置（psychological portfolio）。

退休的涵義見仁見智

去年底我到上海出差，聽到一則事件，大意是說某間中學的外側牆壁，被晨起運動的民眾發現突然出現了四個各一米見方的大字：「我要工作」。到底是誰在前一晚寫的呢？經過調查之後發現，原來「作者」是一位剛剛退休沒幾天的老師。這位老師擔任教職時工作態度十分認真，深受同事及家長愛戴。無奈到了屆退年齡，按規定必須退休，他心裡很不平衡，終於按捺不住，在服務了二十幾年的學校牆上，發洩了他的情緒。

另外一個例子，則是發生在我就讀美國研究所時，一位指導教授的退休派對上。這位德高望重的教授當著許多來祝賀的學生、家人、朋友和學校主管的面，宣布即日起將所有他珍藏的書籍與資料，全數贈給學校的圖書館。此舉讓包含我在內的許多人非常震驚，因為這位教授多年來所累積的書籍資料，質量之佳堪稱這領域數一數二的。一時間，來賓紛紛請他再仔細考慮。不料教授卻非常正經地說，他希望藉由此舉能夠完全拋開過去的知識包袱，用另一個二十年，創造另一個不同研究領域的顛峰！

由上面兩個實例可知，即使同樣是資深教師，「退休」二字在兩個人心中的涵義卻是截然不同。

退休心理類型的自我檢測

「退休」一詞聽起來似乎是一種模糊的心理狀態，其實不然。那麼要如何知道當下自己對於退休的認知態度呢？不妨誠實填寫下列的心理量表，並圈選出最能代表您的敘述。

		很像我	有點像我	不太像我	很不像我	
A1	我有蒐集某一類物品的習慣，像是書籍、CD、小玩意等	2	1	-1	-2	(A1+A2)
A2	我經常光顧固定幾家餐廳或咖啡廳，並且點的餐飲種類都差不多是那幾樣	2	1	-1	-2	
B1	朋友經常會被我的一些突然舉動嚇到	2	1	-1	-2	(B1+B2)
B2	我認為自己的心理年齡比生理年齡還年輕	2	1	-1	-2	
C1	購買某一樣東西前，我喜歡比較不同品牌產品的資訊及價格	2	1	-1	-2	(C1+C2)
C2	我認為偶爾犯點小失誤是完全可以被原諒的	2	1	-1	-2	
D1	我經常渴望能找個沒人認識我的地方躲起來	2	1	-1	-2	(D1+D2)
D2	工作上我經常要等到期限快到時才開始緊張地去做	2	1	-1	-2	
E1	我認為自己看事情的見解比別人更獨特	2	1	-1	-2	(E1+E2)
E2	我曾經後悔錯過一些投資賺錢或創新發明的先機	2	1	-1	-2	
F1	我認為「生命」是艱苦的，而且責任多於樂趣	2	1	-1	-2	(F1+F2)
F2	我認為人都是現實的，當你喪失權力時，別人就不會理睬你	2	1	-1	-2	

計分方式：

1. 每題回答「很像我」得2分；「有點像我」得1分；「不太像我」得-1分；「很不像我」得-2分。
2. 將屬於A類型的兩題（A1 & A2）分數加總起來，填寫於最右側欄位。
3. 以此類推，加總B類型、C類型、D類型、E類型和F類型。
4. 得分最高的一個類型，就代表您的「退休心理類型」（請見下節分析）。
5. 如果最高分數出現兩個以上類型同分，代表您同時具有兩個類型以上的心理特性。

六大退休心理類型

針對眼前勢不可擋的退休浪潮，已經有許多心理學家提出相關的建議。曾經為超過一百位退休人士進行心理諮商的美國心理學家施洛斯伯格（N. Schlossberg）博士，便分析出六種退休人士的心理類型：

A. 繼承者：志趣不變，在退休後繼續使用以前累積下來的技能，參與義務或兼職的相關工作，例如中學輔導教師退休後，擔任社區大學兼任心理學課程講師。

B. 冒險者：視退休為人生的分水嶺，立定志向展開另一段嶄新的生涯歷程，例如退休工程師開始學習彈奏吉他，立志組成爵士樂團巡迴演出。

C. 搜尋者：尚未找到自己退休後的定位，需要比大多數人更多時間，藉由不斷的探索、嘗試與錯誤，才能找到適合自己的生涯選項。

D. 享受者：享受退休後充裕的時間，讓自己的身心在時光流逝中儘量放鬆。

E.旁觀者：關心社會中發生的種種現象，尤其遇到與自己專長領域類似的議題時，會發表許多個人意見，但很少積極參與實際行動。

F.退縮者：幾乎完全跟過去生活與人際關係隔離，也放棄尋找新的人生定位，個性因此變得封閉而不快樂。

退休心理資產配置的建議

以上六大退休心理類型，前五種類型都屬於以正向心理去適應未來的退休，只有最後一類退縮者主要以負面的心態看待退休。無論您屬於哪一種心理類型，絕對可以從下列幾項建議中，建立「退休心理資產配置」：

☺適應失落感：有一則老掉牙的笑話，大意是說作官的丈夫退休後，規定老婆每天上市場買菜前，都得將今天採購的物品寫一份簽呈讓他批閱。許多人前半輩子花了許多時間與精力在工作上，得到極大的成就感，因此剛退休時，難免會經歷強烈的自我失落感。這是很正常的，只要花點時間，大多數人的心理都可以很快地適應。

☺擴大人生意義：雖然工作占了人生很大的比重，但絕對不是人生的唯一。除了工作之外，家人、健康、興趣、朋友甚至助人，都是讓我們短短數十寒暑人生有意義的因素。退休後的時間與經濟能力都較為充裕，不如趁此機會擴大自己的人生意義。

☺提前做好布局：就像醫學上常講的一句話「預防勝於治療」，心理調適應該從退休之前就開始進行。退休後的交友圈，就必須在退休前有計畫地拓展，例如多參加大學的同學會，或主動打電話問候朋友的近況等。

☺訂定明確目標：許多人退休之後發現可以做的事情實在太多，一時反而無所適從。建議一開始就將自己的目標明確訂定，例如喜歡古典音樂，是要讓自己成為「古典樂迷」、「古典樂評」還是「古典音樂家」？

現代醫學的進步使人類壽命不斷延長，因此退休後的時間也占據我們整體人生愈來愈大的比例。正因為如此，如果每個人都能在退休之前先做好自我的心理調適，勢必對人生下半場的生活品質有極為正面的影響，並且創造生涯的另一個顛峰。

身心平衡的第一部曲：自我探索

東西方古代哲學家早在數千年前就已提出身心平衡（body-mind balance）的概念，其中又以中國的「太極」哲學最具代表性。但是「身」（body）與「心」（mind）兩者之間的界線在哪裡？彼此如何互動？隨著醫學和心理學研究的進步，似乎慢慢透露出曙光。

自我探索的六步驟

古希臘人在太陽神神廟刻上「了解自我」（know thyself），是人類意識由向外追尋轉為向內追尋的里程碑。東方大軍事家孫子也曾在著名的《孫子兵法》中強調：知己知彼，百戰不殆！

儘管每個人都明白了解自我的重要性，但是該如何做？藉由下列六個步驟，可系統化探索「自我」這塊隱藏在海面下的巨大冰山。

步驟一：沉靜你的思考

想像你的大腦有一個音量開關，目前你感受到的音量大小是多少，是2？5？還是接近最大聲10？大腦裡的無意義噪音愈大，愈可能影響你工作的效率及生活的滿意度。

沉靜思考最有效的方法之一就是呼吸練習。很少人知道呼吸是唯一完全由自己掌控的重要生理功能。藉著專注於呼吸活動，你可以更真實地感受自己的情緒狀態是焦慮、興奮還是放鬆？現在就花個幾秒鐘，體會自己的呼吸是短而淺，還是深且長？發力的部位是胸腔還是腹部呢？試著調整自己的呼吸由腹腔控制力道，吐納的韻律也慢慢地拉長，只需三到五分鐘，相信你就會感受大腦的思考頻率逐漸沉靜下來。

步驟二：觀察你的思想

人體的每一個器官都有特定的功能，肺部消耗氧氣產生二氧化碳，大腦則是產生思想。在許多宗教的修煉中，都特別強調一個人從思考當中自我抽離的能力，但弔詭的是：產生思考的大腦如何能自外於思考之外呢？下面的方法能給我們一些啟示。

嘗試找到一個安靜的角落，輕輕閉上雙眼，想像你正在電影院中觀賞一部影片，影片的內容就是你腦海中浮現的許多想法：工作上碰到的問題、某人剛剛跟你說的一句話、該做還沒做的事情……。不必想當導演去抑制或強化你的這些想法，試著當個觀眾就好，保持旺盛的好奇心，讓這些想法自由地來來去去。十分鐘後張開眼睛，這時才開始思考：剛剛這些想法從何而來？為什麼某些想法會重複出現？這些強烈的想法是否有共通點？

我建議這樣的練習至少每天一次。持續一個禮拜後，大多數人會體驗到不再對雜亂思想做反應（react），而是重新控制（recontrol）思考的內容。

步驟三：找到內在平衡

我家旁邊有個小公園，經常會有家長帶著小朋友去那兒玩耍，我最喜歡看著這些小孩如何互動，其中又以翹翹板遊戲最為有趣。最不費力的玩法就是找到體重跟自己差不多的玩伴，兩人各坐一端然後開始有規律地上下搖擺，通常可以玩上半個小時不喊累。反之，如果雙方體重相差太多，那麼很快地一定會有一方嚷著不玩了。

將這個翹翹板的「形象」放在你腦中，試著將右邊那端擺上「環境需要你付出的能量」，左邊那端放上「你正在消耗的能量」。問問自己，你的翹翹板平衡嗎？是右高左低，還是左高右低呢？如果是右高左低，表示你正消耗的能量已經超出客觀環境需要你付出的能量，換句通俗的話說，就是「殺雞用牛刀」或是「小題大作」，這表示你需要節制自己的能量耗損。所謂的能量包括你投入的情緒、時間、腦力等等。反之，如果是左高右低，表示你正消耗的能量還不足以應付客觀環境需要你付出的能量，所以你需要投入更多的能量，才能勝任環境的挑戰。

步驟四：紓解你的身體緊張

想像你身體每一個關節都是彈簧，然後從頭到腳「掃描」一遍，哪些彈簧最鬆最有彈性？哪些地方最緊最僵硬？接下來要再次運用呼吸的技巧，紓解這些不必要的身體緊張。

首先輕輕閉上眼睛，接下來想像吸氣時有一道暖流注入你感到緊繃的部位（例如肩頸處）；讓你的注意力隨著吸進去的空氣而遊走（鼻↓氣管↓脖子↓肩頸）；吸氣到最飽滿時稍微停留兩秒鐘，感受自身脈搏的跳動；呼氣時將欲放鬆部位的肌肉稍稍往下沉。按照這樣的流程重複三十次左右後，大多數人都能明顯感受原先緊繃的身體部位有了放鬆，甚至有溫熱的感覺。

步驟五：孵化你的正面情緒

有些情緒能幫助我們思考、溝通或工作，稱為正面情緒；而負面情緒則會妨害我們正常的表現。常見的正面情緒有熱情、歡喜、仁慈、關懷、同情、原諒、寧靜、滿足等等；有害的負面情緒則有挫折、憤怒、敵意、恐懼、擔憂、焦慮、絕望、憂鬱等等。但是「情緒」這玩意來得急去得快，如何能在我們需要正面情緒的時候，有能力對它召之即來呢？不妨試試我經常使用的一個祕訣。

首先請你先決定一個你想要掌握的正面情緒，例如「耐心」。接著請你想像一個最能代表「耐心」的具體物品，你可能想到是一條小河。把你自己縮小變成河裡的一個水分子：你將旅行經過一顆光滑的岩石，輕輕拂過岸邊的水草，在狹窄的石頭縫中激流，最後奔流入大海。

這個方法便是將無形的正面情緒「形體化」，有助於掌握甚至孵化我們想要的情緒。

步驟六：開發你的內在智慧

你是否曾經有過憑「直覺」做出正確決定的經驗？我曾有過幾次。譬如，第一次見到商談合作的對象，卻覺得對方跟自己的「頻率」不太合，我因此婉拒合作的邀約；過了大約一年之後，發現對方因為涉嫌詐欺而出現在報紙的社會版！

類似這種直覺，其實是每個人天生具備的內在智慧。它和理智不同，靠的不是邏輯、分析、推理等能力，但又跟這些能力一樣，可以用後天的方法培養。

最好的方法之一就是隨身攜帶一本小冊子，記錄下隨時湧出的直覺，睡醒後也可以記錄下所做的夢境，過一段時間後，再比對哪些直覺或夢境是有價值的。通常經過幾年規律的記錄後，你就已經能享有潛意識所能賞賜你的寶貴禮物：內在智慧！

身心平衡的第二部曲：創造快樂

最近看了一部電影《深夜加油站遇見蘇格拉底》，有別於一般勵志電影，電影中象徵「智者」的加油站老工人不斷以剝洋蔥式的方法，教導年輕的男主角一個重要的人生課題：幸福與快樂的祕訣不在於你擁有多少，而在於追尋的過程中你所創造出來的體驗。

創造快樂的四個方法

這部電影讓我想起前一陣子治療過的一位女病人。四十多歲的她有一對可愛的兒女，老公的事業發展也非常順利，絲毫不必擔心經濟匱乏。她過著人人稱羨的「貴婦」生活，兩年前卻開始發現自己經常無故心慌甚至哭泣，經診斷確定是恐慌症。像這樣的臨床案例近年來愈來愈多，而能否痊癒的關鍵經常是病人「創造快樂」的內在能力！

雖然每個人快樂的來源不一樣，感受的強度也大異其趣，但是從正向心理學以及身心醫學的研究當中，可以歸納出四個創造快樂的實際方法：

方法一：減少自我批評

我們每個人都曾經懊悔地自言自語：「都是我不好，如果我當時能多注意一點就好了！」「都怪我，我真是太笨了！」「為什麼我不忍一忍，非要吃下那塊蛋糕呢？」這些負面的自我批評，有時就像膝蓋骨被敲時的反射動作，不經思考就出現了。但就算一個原本有自信的人，如果每天經歷這些負面的自我批評，日積月累，自信心終究會消磨殆盡！

或許有些人不同意，不過從治療憂鬱症患者的經驗中，我認為儒家文化強調的「嚴以律己，寬以待人」或許該為這種負面心態付上一點責任。所以，當你下一次發現又開始過分地責怪自己時，不妨找一張空椅子放在你對面，發揮一點想像力，假裝你的好朋友正遭遇你的情況，你會如何安慰他或提供他客觀的意見呢？大多數做過這個練習的人都同意，通常我們給別人建議都會比給自己建議來得更具「同情心」和「建設性」。停止以負面的自我批評鞭打自己並不是一種自我放縱，而是一種自我寬容，更是創造快樂的重要第一步。

方法二：開放你的心胸

我有時候幫企業進行教育訓練，為了幫助員工了解「即使遇到同一件事情，每個人的反應都可能不同」這個重要的概念，會給大家先看一則小故事，然後再請每個人根據自己的直覺依序排列對故事中幾個人物的評價，由「最欣賞」、「其次欣賞」一直到「討厭」、「最討厭」。幾乎沒有例外，每堂課都會發生某位學員最討厭的角色，恰巧是另一位學員最欣賞的角色。這時候，我都會把握這難得的機會，讓大家了解其實造成這些差異的背後，都是個人的「價值觀」在作祟。經過解說後，絕大多數的學員都能「理解」並「尊重」同事之間不同的價值觀。但是如果這些價值觀的差異發生在你跟伴侶或家人之間，要做到同樣的「理解」並「尊重」，經常是非常困難的。因為我們會開始自問：「為什麼他不多體諒我一點？」「當夫妻這麼久了，我竟然還無法改變他（她）這一點！」

如果你也跟許多人一樣，正在為類似的問題煩惱，不妨稍微停下手邊的工作，靜下心來想一想：你跟伴侶的親密關係從哪一刻開始變得苦澀？你跟同事之間的人際關係是從哪一刻開始變得緊張？答案是「當每個人開始只想到自己」的時候！當「我」的意見開始變得比「你」的意見更重要，「我」的判斷開始變得比「你」的判斷更正確，「我」的感受開始變得比「你」的感受更深刻的時候，小心！對方正開始遠離你。

要改變這種情況只有一個方法：誠摯地讓對方感受到你的「同理心」，也就是雖然你不一定「同意」他的看法或判斷，但是你願意嘗試「理解」對方思考的出發點，並「尊重」對方此時此刻的感受。記住，證明對方錯並不代表你是對的，反而是證明你缺乏從對方角度看待事情的同理心。

方法三：培養同情心

和同理心（empathy）不一樣，同情心（sympathy）不是一種技巧而是一種態度。這種態度原本應該是生而具備，但如果長期過度暴露於人類痛苦（例如四川大地震現場的救災人員），有可能因而喪失。不諱言，有些跟我一樣長期從事精神醫療的人，也曾經罹患所謂的「同情心疲乏症候群」（compassion fatigue syndrome）。在大眾傳媒普遍渲染暴力和災難事件的今日，愈來愈多現代人也開始成為同情心疲乏症候群的高危險群了。

有些人會質疑：當我自己情緒都很差的時候，怎麼可能還對別人有同情心呢？這種想法的背後表示你認為同情心是「施捨」給別人的。但事實上感受快樂與同情心的關係可深了！一個富有同情心的人，會深刻地感受他人的失落，並且願意緩解他人的痛苦。當一個人容易體會別人的失落，自然就容易珍惜自己擁有的一切，而且努力嘗試緩解他人的痛苦，無形中創造出難以言喻的喜樂體驗。

方法四：感恩的心

我們每個人每天都要說好幾回「謝謝」。當你進入一棟大樓時，有位好心人幫你拉開沉重的大門，你說聲：「謝謝！」到商店找不到你想買的東西，熱心的店員幫你翻箱倒櫃找到了，你說聲：「謝謝！」但是你知道嗎？謝謝並不等於感恩。

「感恩」是一種心態，僅僅是察覺到你面前有一份禮物（不管這禮物是什麼），並且真誠欣賞它的價值與存在，就是感恩。聽起來很單純，但是很簡單嗎？一點也不！不信的話試著問問自己：最近一次真正有「感恩」的經驗是多久以前？

我有個方法值得推薦給大家：十五分鐘的感恩散步！

放下你手中的工作，到住家或公司附近的公園散步十五分鐘。首先，在這十五分鐘內儘量不要想到工作或人際方面的問題。其次，將注意力放在雙腳與地面接觸時的知覺，雙腿擺動時肌肉的彎曲與伸張，以及呼吸是否逐漸變得愈來愈暢快。接下來一邊走路一邊將你的心思轉移到令你生活品質變好的「有形」事物上，例如喜愛的車子、舒適的房子、有成就感的工作等等。最後再想想所有令你生活品質變好的「無形」事物上，例如滿意的伴侶關係、健康的身體或有創造力的腦袋。

身心平衡的第三部曲：生活韻律

唐朝黃龍慧開禪師的名著《無門關》中有一著名禪門公案：「春有百花秋有月，夏有涼風冬有雪，若無閒事挂心頭，便是人間好時節。」的確，人生有如四季，各有不同的風景，只有少數有智慧的人懂得掌握此時此刻，體驗幸福。

生活韻律的四步驟

你我或許都不是禪師，智慧及悟性也未必過人，到底有哪些實際的方法，讓我們可以隨著生命的節奏自在生活呢？現代心理學家告訴我們，遵循「建立遠景」、「補充心靈維他命」、「堅持練習」、「尋找韻律」四個步驟，可以幫助我們獲得自在人生的智慧。

步驟一：建立你的願景

忙碌的腳步經常讓我們暫時忘記生活與工作的目的，似乎每天只能做「緊急的事」，根本無暇去思考或從事真正「重要的事」。我們總是安慰自己：等我把這些瑣碎的事情忙完後，就有時間去做我真正想做的事。但殘酷的事實卻是，生活壓力的重擔逐漸讓絕大多數人失去成為自己生命主人的勇氣。

如何避免這種情形發生在你我的身上呢？宗教家和心理學家在這件事情有共識，那就是「建立你的願景，然後讓你的遠景統合你的思考和行為」。沒有「願景」的人生就像到亞馬遜叢林探險，卻沒帶任何地圖或衛星導航系統一樣。

建立願景可以從小地方做起。例如，每天早晨下床之前，先花個兩三分鐘躺在床上預演今天的行程以及想要完成的事情，一邊深呼吸一邊想像：「九點鐘進辦公室前先到健身房運動一個半小時」、「早上要完成一份簡報資料」、「下午開會時要展現出該有的自信與專業」、「所有事情要在五點半前有效率地完成」、「我要盡情享受晚上與女（男）友的相處時光」。許多嘗試過的人都承認，這種方式讓他們將一天的時間專注於完成更重要的事情上頭。聽起來很荒謬嗎？沒嘗試之前可千萬別太快下結論喔。

步驟二：補充你的心靈維他命

醫學研究結果顯示，每天適當補充身體所需的維生素，有助於預防疾病。因此有許多人每天都要吞上好幾顆維他命，希望藉此維持身體健康。那麼我們的心靈呢？每天要接受或是壓抑許多負面情緒的心靈，是不是也存在這樣的維他命，讓人吃下去之後，可以維持理想的心靈狀態呢？

最近看到一部汽車廣告，大意是說擔任中階主管的男主角在職場上承擔了來自老闆的要求及客戶的壓力，又必須負擔家庭的經濟重擔，經過數學公式換算之後（＋壓力—身段×責任÷自由），我們是否還記得真實的自己？許多周遭的朋友看過之後心有戚戚焉，他們告訴我很厭倦辦公室裡複雜的人際關係，卻又感到無可奈何。每天進辦公室就開始戴面具，不斷揣摩上司、同事和客戶的心意，再加上工作業績的壓力，簡直讓人喘不過氣。

其實，不管壓力或責任有多大，每個人每天都應該抽出一點時間，將自己所體驗的負面心靈能量轉化成正面能量。例如，當你發現自己不知不覺中和一群同事批評起另外一個人，此時正是服用「心靈維他命」的最佳時機：請誠實地說出那個人的一項優點，讓原本充滿負面能量的談話，扭轉成為正面能量的談話。

正如兩千多年前古希臘醫師希波克拉底所說：「不是所有的藥都裝在藥罐中。」心靈的維他命是藥局買不到的，必須從每個人內心去找尋。

步驟三：堅持每日的練習

有句台語俗諺：「戲棚下站久就是你的。」這是勸人堅持到底的重要性。前面分享了不少幫助大家「自我探索」、「創造幸福」和享受「生活韻律」的方法，然而光是「知道」這些方法，卻沒能持續練習，是絕對無法改變現況的。

也許有人會問：「我每天這麼忙，哪裡擠得出時間做這些練習？」我的回答通常是：「時間不是擠出來的，是做出來的。」為什麼說時間是「做」出來的呢？因為從「做」當中，我們體驗出樂趣，而有了樂趣，就會把這件事情的優先順序往前挪，不知不覺就成了習慣，反而有時無法去做還會覺得全身上下怪怪的。

舉例來說，有許多人想要養成規律運動的習慣，卻經常失敗，而藉口通常是「我擠不出時間運動」。但是我有一位同事每週固定運動三天，下班後運動時間一到，他就不管三七二十一直奔健身房，享受舒暢的揮汗快感。為了不留下來加班，他的工作效率總是很高。更有趣的是，經過一段時間之後，有幾位同仁被他的毅力引發了運動的興趣，也隨著他一起運動。到現在，我的辦公室已經有一半左右的同仁養成每週運動三次的習慣了。

步驟四：尋找你的韻律

我們人類是大自然的一份子，當然也受大自然法則的支配。最重要的大自然法則就是「韻律」！就如氣候有春夏秋冬，鮭魚有迴游產卵的道理一般，人類生存於自然界也有其獨特的韻律，而且從小處就可以展現出來。

想要自己的韻律嗎？請您試著做個小實驗：準備一本小筆記本（或是可記事的手機），連續一個禮拜，每天至少三次記錄自己當時的情緒、耐力、創意及能量指數，例如每天早上十點、下午三點、晚上八點，以一至十（一代表很差，十代表很好）的評分記下。一個星期之後，您的能量及情緒的韻律就會清楚地浮現出來。譬如，有的人會發現原來自己每天早上最適合做創意的思考，下午最適合做耐力型的工作，晚上的情緒最好，最適合解決人際衝突。

找到自己的韻律之後，另一個重點不是去控制它，而是與它和諧共處。試著去接受這個獨特的韻律，然後儘量將周遭的事物根據您的韻律做安排，相信您將發現有事半功倍的成效。

音樂，情緒紓壓的好幫手

「音樂治療」聽起來似乎很神奇?!一般人對音樂治療的成效也半信半疑。然而已有醫學證實音樂確實對於生理以及心理具有某些療效，對壓力大的族群也確實有明顯的紓壓效果！

音樂治療的原理與功效

西方國家利用音樂來治療各種生理及心理的問題已行之有年。音樂的治療功能主要是與自律神經有關，能激發對抗壓力系統（例如HPA，即下視丘、腦下垂體、腎上腺），且能引導出具穩定情緒效果的α腦波。

此外，利用音樂聲波的物理作用，能對體內器官產生「帶走效應」或共振效應。

一般而言，和諧而穩定的旋律與節奏，能使人的血壓降低，心跳與呼吸的速度減慢，具有紓壓與鎮定的功效；而節奏明快的音樂，會使人體分泌生理活性物質，調節血流與神經，能讓人振奮、富有活力。

音樂對生理及心理的功用如下：

・生理方面

從大腦的掃描圖就可以看出來，音樂可活化大腦聽覺皮質區；此外，音樂能刺激中樞神經，影響交感神經（激昂的）與副交感神經（平靜的）的協調性。

・心理方面

音樂是一個中性的投射媒介，同一音樂曲目由不同的人聽來就有不同的反應與回憶，因此可協助心理師發現個人當下的心理與情緒，進而可針對個人情況加以引導或治療。

音樂治療僅是眾多療法之一，也如同其他療法一樣不可能治百病。雖然同一種音樂對不同的人所產生的功效不一樣，不過有一些普遍的特點，那就是：當音樂節拍約等於人類心跳的速率時（一分鐘六十至七十拍），對降低焦慮、集中注意力較有幫助；節奏太快或太慢的音樂都不適於用來促進睡眠，節奏太快會增加緊張，太慢則會產生懸疑感。

因此要選擇何種曲目來舒緩身心狀況，可以與心理師或音樂治療師討論。若能以音樂搭配「壓力檢測儀」來測試，更能準確找出適合自己當下身心狀況的音樂。

音樂治療的運用範圍

✓溝通障礙

例如自閉症患者，如有以下兩種語言模式，可運用音樂來治療：

1. 毫無語言：用樂器來溝通。請自閉症者隨治療師敲一樣的聲響，這個動作可以增加他對聲音的敏感性以及與人接觸的勇氣。
2. 鸚鵡語言：患者只會重複別人的語言，此時利用唱歌是很好的治療方式。可使用「唱歌接力」來引導，讓他先聽，然後到接唱十％、二十％……漸漸到能接唱到八十％、九十％，患者就不會再像「鸚鵡」一樣只會重複別人的言語而已。

✓**情緒障礙**

例如憂鬱、過動、注意力缺乏、退縮、攻擊等等。治療方式可從簡單的音樂開始演奏、歌唱，以建立自信與正確的行為。我曾經治療過一個容易憤怒的男孩子，他不知如何發洩他的情緒，只是一直被大人抑制，但卻抑制不了。於是治療一開始我先教他利用打鼓、敲鑼，運用這些合理發洩怒氣的方式，然後安排他在樂團中當鼓手，訓練他與團體成員的協調性。漸漸的，他能注意別人在做什麼，因而把不適當的憤怒表達慢慢地降低了！

✓**心理諮商**

1. 透過音樂可以知道個人的情緒，並激起某些聯想，能鼓勵受創傷的人或年紀小的兒童勇於說出內心真正的感受。

2. 某段音樂代表某個回憶，臨床上我曾讓某個想離婚的先生，在看了當初與太太結婚的典禮與聽了當時播放的音樂後，領悟到當初對太太的愛，而打消離婚的衝動，重拾愛的動力！

3. 音樂沒有威脅性，運用在成長課程，可鼓勵團體成員分享、接受差異，有助改善人際關係與培養同理心。

4. 可用音樂訓練放鬆、解除壓力，例如聽海浪聲、配合呼吸、隨著指導語的引導而投入某些放鬆的情境。

✓其他

音樂還有許多其他方面的運用，包括：激發活化腦部、緩解慢性疼痛（音樂較無法緩解急性疼痛）、降低對止痛藥的依賴性、增加復健病人動作協調性、增加復健的耐性等等。

音樂治療的迷思

許多人對音樂治療有不當的認知，例如：

．古典音樂特別適合紓壓？

大部分人認為像莫札特、巴哈等古典音樂特別適合紓壓，其實這是錯誤的觀念。因為根據我的臨床觀察，約有三十％的人主觀上認為適合自己的紓壓音樂，經過客觀的「壓力檢測儀」測試（包含測量心律變異率、膚電反應、自律神經協調性等等）之後，結果卻被推翻了。例如某人原本以為大自然的聲音最能幫自己紓壓，結果其實是宗教音樂的紓壓效果比較好。

此外，音樂的作用也有文化的差異，例如與其讓居住在台灣的老人聽貝多芬的音樂，不如讓他們聽歌仔戲或茉莉花，更有feeling，所以紓壓音樂並非一體適用。

‧找到可放鬆的音樂，一輩子適用？

錯！音樂是有耐受性的，聽久了紓壓效果會遞減，而且也因個人當時不同的心境及人生歷練而異。所以可在不同時間尋找適合自己的音樂。

‧音樂治療純粹是心理作用？

錯！科學已經證實，音樂可刺激生理神經，並非只是純粹心理作用，而是具有特定的制約功效。在不同地方聽到同樣的音樂，能產生同樣的刺激或穩定效果，並喚起特定的情緒反應。例如在運動場上，上台領獎的運動員一聽到大會奏起熟悉的國歌，幾乎都會情不自禁地熱淚盈眶。不過，音樂只是輔助療法，並非萬能，如前所述，只是眾多療法之一而已。

醫學共振音樂對孕婦及胎兒好處多多

所謂「醫學共振音樂」，是指直接與人體五臟六腑產生共振的音樂，能調整失調的「心、肝、脾、肺、腎」的功能，提振精神與活力，是人體最佳的精神糧食。當然個人對哪些音樂能產生共振效果，必須經過協助測試。

根據俄羅斯的斯多蘭科（Valentina Sidorenko）博士的研究，醫學共振音樂可明顯降低孕婦早產與流產的風險，並可增進胎兒的健康，保護胎兒不受藥物副作用的不良影響。

☺症狀改善效果優於傳統療法

該研究指出，一般孕婦最常見的問題有睡眠失調、流產風險，以及噁心、嘔吐、煩躁等症狀。經由醫學共振音樂的使用，能使睡眠失調狀況由治療前的六八％降至六％，具有明顯的改善作用；在流產方面，可由治療前的五六％降為

孕婦接受治療前後的症狀反應比較表

症狀反應	實驗組（m=50）		控制組（m=50）	
	醫學共振音樂治療前	醫學共振音樂治療後	傳統方法治療前	傳統方法治療後
睡眠失調	68%（n=34）	6%（n=3）	64%（n=32）	50%（n=25）
流產危險症狀（下腹部陣痛、超音波檢查子宮收縮）	56%（n=28）	12%（n=6）	64%（n=32）	20%（n=10）
妊娠不適症（噁心、嘔吐、流涎、煩躁）	48%（n=24）	12%（n=6）	60%（n=30）	24%（n=12）

※表中比例為n/m。n為出現症狀的人數。m為該組總人數。

十二%；在妊娠引起的噁心、嘔吐、煩躁方面，可由治療前的四八%降至十二%。醫學共振音樂的效果皆優於傳統療法（見上表）。

☺抗壓效果好，孕期用藥劑量少

母親身體狀況愈好，對胎兒的健康愈有利。例如本次研究中，實驗組孕婦在進行手術前，曾經接受二至三回醫學共振音樂治療，控制組孕婦則僅服用鎮靜劑，結果實驗組孕婦的壓力荷爾蒙皮質醇（Cortisol）數量減少了十九%，由此看出醫學共振音樂確實具有很高的抗壓力效果，它能使孕婦不需要服用過多藥劑，進而減少腹中胎兒所承受的藥劑負擔。

☺可縮短自然產的產程

孕婦於分娩開始時聆聽醫學共振音樂，不僅有助肌肉放鬆和精神提振，並且可以提高對疼痛的忍受程度，這是因為醫學共振音樂會加速孕婦體內天然疼痛消除素腦內啡（endorphine）的合成，進而幫助自然分娩的順利進行。平均而言，孕婦分娩初期階段因此縮短的時間達兩個小時！

我自己最近的經驗是，由於太太前兩次懷孕都是流產收場，因此第三次懷孕就特別謹慎，太太的心情卻也因此顯得比較焦慮。於是從懷孕中期起，我運用「情緒壓力檢測儀」從近百首音樂中篩選出對太太最具紓壓效果的十首，建議她上班聆聽這些個人化處方音樂。在懷孕二十四週前，胎兒的生長曲線都低於平均值；持續聽音樂（飲食則一般攝取）經過六週之後，胎兒的生長曲線竟高於平均值。寶寶出生時體重三千六百七十公克，一直到現在九個多月，成長曲線始終維持在九十個百分點以上（一百個同年齡孩童勝過九十個），可見音樂對胎兒生長有不錯的幫助！

紓壓五大技巧

紓壓技巧1　心律呼吸法

【紓壓說明】「呼吸」與「心跳」是生命的兩大特徵，當壓力來臨時，會同時影響呼吸和心跳的穩定表現。如果能學會適度地控制這兩者，就能減少壓力對身心的負面影響。

【適用情境】感覺心情煩悶、無法集中注意力時。

【步驟】

1. 一手輕按另一手腕部，感覺自己的脈搏跳動。
2. 心裡默數脈搏次數，讓自己熟悉脈搏的韻律。
3. 配合脈搏，每六下為連續「呼氣」的循環。

4. 配合脈搏，每六下為連續「吸氣」的循環。
5. 為加強紓壓效果，想像每次呼氣和吸氣均流過心臟。

【好處】＊增進自律神經平衡 ＊平緩紊亂思緒 ＊有效降低身心壓力
＊減緩疲勞感 ＊促進專注力

紓壓技巧2 正向冥想法

【紓壓說明】人類藉冥想來紓解壓力，已經沿用了好幾個世紀。只需要準備一顆願意安靜的心、一張舒適的座椅與一個寧靜的角落，您就可以享有冥想所帶來的愉悅感受。

【適用情境】需要迅速排除緊張或各種負面情緒時。

【步驟】

1. 輕輕閉上眼睛。
2. 將左手輕輕放在腹部約肚臍的部位。

3. 呼吸放慢，感受從「腹部」做有規律的呼吸。
4. 心思專注在某個能帶給你放鬆、喜悅的事物上。
5. 不需去抵抗雜念，只需觀察它的發生與消逝。

【好處】＊排除緊張情緒 ＊增強記憶力 ＊提昇洞察力與直覺力
＊提高自我覺醒意識

紓壓技巧3 黃金六秒鐘

【紓壓說明】神經心理學研究告訴我們，如果能夠將一時的「衝動」忍耐六秒鐘，往往就不會做出讓我們後悔的「行動」了。原因是這寶貴的六秒鐘為我們的大腦創造出可貴的緩衝期，足夠讓「理智」代替「情緒」來處理我們所面對的問題。

【適用情境】感覺快要忍不住情緒爆發時。

【步驟】

1. 心裡跟自己約定：先不要發火。

2. 暫時先把自己的視線從對方臉上移開。
3. 專注回想六種「礦泉水」的品牌。
4. 等到成功回想六種「礦泉水」的品牌後再開口說話。
5. 如果「礦泉水」已經變得太熟悉，可更改為六種「泰國菜」、六種「運動鞋品牌」或是六種「狗」。

【好處】 ＊減緩憤怒情緒 ＊增進人際和諧 ＊穩定血壓 ＊提高自我覺醒意識

紓壓技巧4 漸進式放鬆法

【紓壓說明】 身心一受到壓力，肌肉便會反射性緊繃，進而影響中樞神經的亢奮狀態，並促使腸胃及心臟肌肉愈來愈緊張。這樣的情況若是持續太久，將造成情緒易怒、免疫力下降，面對外在壓力的承受力也會變得愈來愈差。漸進式放鬆法會刻意先讓肌肉緊繃，然後再體會肌肉放鬆的感覺。

【適用情境】 感覺肩頸緊繃、頭痛或是身體肌肉痠痛時。輕微失眠時也可嘗試。

【步驟】

1. 找一個舒服的椅子坐下，用八分力氣將雙手拳頭緊握，心中默數十秒鐘，然後突然放開雙拳。
2. 接著用九分力氣將雙手拳頭緊握，心中默數十秒鐘，然後突然放開雙拳。
3. 用十分力氣將雙手拳頭緊握，心中默數十秒鐘，然後突然放開雙拳。
4. 接下來換肩膀。用八分力氣將肩膀往上提，心中默數十秒鐘，然後突然將肩膀完全放下。
5. 用九分力氣將肩膀往上提，心中默數十秒鐘，然後突然將肩膀完全放下。
6. 用十分力氣將肩膀往上提，心中默數十秒鐘，然後突然將肩膀完全放下。
7. 重複上述步驟，應用在身體其他肌肉，如腳趾頭、小腿、大腿等。練習幾次熟練後，您將感受到難得的輕鬆。

【好處】＊減緩頭痛及肌肉痠痛 ＊增進自律神經平衡

紓壓技巧5 橡皮筋解壓法

【紓壓說明】 心理學上有一個很經典的理論叫做「厭惡制約」，這個方法是設法將某件事情與處罰連結在一起，以便降低該事情的發生頻率。例如，需要認真思考時，卻發現自己不斷分心，這時可以在手腕戴上一條橡皮筋，當分心的意念出現時，就用橡皮筋狠狠彈自己一下，通常可以有效趕走多餘的想法。

【適用情境】 無法專注或負面情緒不停出現時。

【步驟】

1. 找到一條鬆緊適當的橡皮筋，套在一隻手腕上。
2. 想像自己常會感到不安的場合，例如在客戶面前報告產品或是被老闆責罵。
3. 當感到自己開始出現負面思考時，就抓住橡皮筋狠狠彈自己一下。
4. 瞬間，這些負面的想法或情緒就會消失。
5. 練習幾次熟練後，您將更習慣用正面的思考以及自信去面對挑戰。

【好處】 ＊增進積極思考 ＊增進正面情緒